市川大野高等学園版

デュアルシステムの理論と実践

生徒一人一人のキャリア発達を
大切にした学校づくり

監　修： 宮﨑　英憲
著　作： 千葉県立特別支援学校
　　　　市川大野高等学園

市川大野高等学園版

デュアルシステムの理論と実践
－生徒一人一人のキャリア発達を大切にした学校づくり－

目次

■ 監修の言葉
　　宮﨑英憲 ……………………………………………………………………………… 5

■ はじめに　千葉県立特別支援学校市川大野高等学園のめざす学校の姿
　　渡邉昌夫 ……………………………………………………………………………… 6

■ 千葉県立特別支援学校市川大野高等学園の紹介 …………………………………… 11

第Ⅰ部　「市川大野高等学園版デュアルシステム」の理論と実践 ………………… 15

第1章　理論編 ……………………………………………………………………… 16
　　第1節　学校教育へのデュアルシステムの導入 ………………………………… 16
　　第2節　新しい学校づくりと「市川大野高等学園版デュアルシステム」 …… 22
　　第3節　キャリア教育と本校の学校教育目標 …………………………………… 33
　　第4節　事業所の新規開拓とパートナーシップの構築に向けて ……………… 37
　　第5節　デュアルシステムと教育課程 …………………………………………… 41
　　第6節　デュアルシステムにおけるキャリア教育と地域・事業所とのコミュニティ連携 … 44
　　第7節　今後への課題とこれからの展望 ………………………………………… 46

■ コラム（説明） ………………………………………………………………………… 49
■ コラム1　インターンシップ・デュアル実習編「共に成長」 …………………… 50

第2章　実践編　デュアルシステムの実践 ……………………………………… 52
　　第1節　第1学年のデュアルシステム …………………………………………… 52
　　　実践1　公的医療施設での実習～園芸技術科～ ……………………………… 54
　　　実践2　スーパーマーケットでの実習～園芸コース～ ……………………… 56
　　　実践3　スーパーマーケットでの実習～農業コース～ ……………………… 58
　　　実践4　バス会社営業所での実習～工業技術科～ …………………………… 60
　　　実践5　クリーニング工場での実習～工業技術科～ ………………………… 62
　　　実践6　衣料品物流センターでの実習～生活デザイン科～ ………………… 64
　　　実践7　保育園での実習～生活デザイン科～ ………………………………… 66
　　　実践8　和食レストランでの実習～フードサービスコース～ ……………… 68
　　　実践9　ビルメンテナンスでの実習～メンテナンスサービスコース～ …… 70
　　　実践10　宅急便配達センターでの実習～流通コース～ ……………………… 72

■コラム2　インターンシップ・デュアル実習編「企業の懐の深さを知ったとき」………… 74
■コラム3　インターンシップ・デュアル実習編「デュアル実習」……………………………… 75
　第2節　第2学年のデュアルシステム ……………………………………………………… 76
　　実践1　ファーストフードでの実習 ……………………………………………………… 80
　　実践2　物流倉庫での実習 ………………………………………………………………… 82
　　実践3　保育園での実習 …………………………………………………………………… 84
　　実践4　飲食店での実習 …………………………………………………………………… 86
　　実践5　介護老人保健施設での実習 ……………………………………………………… 88
　　実践6　ドラッグストアーでの実習 ……………………………………………………… 90
　　実践7　給食センターでの実習 …………………………………………………………… 92
　　実践8　コンビニエンスストアでの実習 ………………………………………………… 94
■コラム4　笑顔輝く学校生活編「生徒の良さを最大限に引き出すために」………………… 96

第Ⅱ部　生徒一人一人のキャリア発達を大切にした学校づくり …………… 97

第1章　職業学科・コースの取り組み …………………………………………………… 98
　第1節　園芸技術科 …………………………………………………………………………… 98
　　（1）農業コース ……………………………………………………………………………… 98
■コラム5　笑顔輝く学校生活編「高校生活初の宿泊学習」………………………………… 105
　　（2）園芸コース …………………………………………………………………………… 106
■コラム6　笑顔輝く学校生活編「校内教育相談」…………………………………………… 113
　第2節　工業技術科 ………………………………………………………………………… 114
　　（1）木工コース …………………………………………………………………………… 114
■コラム7　笑顔輝く学校生活編「大学生と話そう」………………………………………… 121
　　（2）窯業コース …………………………………………………………………………… 122
■コラム8　笑顔輝く学校生活編「あいさつなどを通して地域とつながる」……………… 129
　第3節　生活デザイン科 …………………………………………………………………… 130
　　（1）ソーイングデザインコース ………………………………………………………… 130
■コラム9　笑顔輝く学校生活編「心と体の調和をめざす自立活動」……………………… 137
　　（2）染織デザインコース ………………………………………………………………… 138
■コラム10　笑顔輝く学校生活編「音楽祭の発表に向けた「器楽アンサンブル」」………… 145
　第4節　流通サービス科 …………………………………………………………………… 146
　　（1）流通コース …………………………………………………………………………… 146
■コラム11　地域とのつながり編「地域の皆様との懸け橋」………………………………… 153
　　（2）フードサービスコース ……………………………………………………………… 154
■コラム12　地域とのつながり編「"Natural Ohno"のお客様は神様です！」……………… 161
　　（3）メンテナンスサービスコース ……………………………………………………… 162
■コラム13　地域とのつながり編「地域とのつながり編」…………………………………… 169
　第2章　授業づくりのあゆみ ……………………………………………………………… 171
　　第1節　研究の概要～学校教育目標と授業づくり～ ………………………………… 172

第2節　1年目の取り組み〜キャリア教育の土台づくり〜　………………………… 175
　　第3節　2年目の取り組み〜4つの視点からの授業改善〜 ……………………………… 180
　　第4節　3年目の取り組み〜全教職員で取り組む授業実践〜 ………………………… 186
　第3章　生徒主体の就労支援の仕組み　〜インターンシップ3カ年計画〜 ………… 194
　　第1節　本校の進路支援計画とインターンシップの理念 ……………………………… 195
　　第2節　第1学年インターンシップの実際 ……………………………………………… 202
　　第3節　第2学年インターンシップの実際 ……………………………………………… 204
　　第4節　第3学年インターンシップの実際と進路選択 ………………………………… 206
　　第5節　これからの卒業後支援体制と就労継続支援 …………………………………… 212
　　第6節　千葉県特別支援学校就労支援ネットワークと学校間連携 …………………… 214
　■コラム 14　インターンシップ・デュアル実習編「インターンシップの実習契約　ヒヤリハット⁉」… 216

　第4章　今後の学校づくりに向けて …………………………………………………………… 217
　　第1節　キャリア発達を支援する教育活動をめざして ………………………………… 218
　　第2節　これからの学校づくりに向けて ………………………………………………… 222
　■コラム 15　インターシップ・デュアル実習編「教師がかける，言葉かけの大切さ」 ………… 229
　　第3節　園芸技術科　指導の視点 ………………………………………………………… 230
　　第4節　今後の学校づくりに向けて ……………………………………………………… 236
　　第5節　生徒たちの姿からよりよい改善に努めてきて ………………………………… 240
　　第6節　今後の生活デザイン科の取り組みについて …………………………………… 242

あとがき ……………………………………………………………………………………………… 244
研究同人 ……………………………………………………………………………………………… 245

監修の言葉

東洋大学名誉教授
宮﨑　英憲

　学校づくりの要諦があるとすれば，先ず第1に挙げたい点は，「生徒・保護者と教師」の絆が強固であることに加えて，「地域の学校」地域と共に歩み・地域に愛される学校づくりをめざすことだと考えます。最近の学校づくりでコミュニティ・スクールが強調されていることも，このことを物語っているといえます。特別支援学校は，小・中学校と比較して設置権者の違いや広域から子どもを受けいれていることなどの理由から地域の学校としての存在感が薄いという印象をもたれる場合が多いのが実情です。

　開校間もない千葉県立特別支援学校市川大野高等学園を訪れた際，渡邉校長先生から，開校に際しての住民説明会で学校近隣地域の住民の方々が極めて暖かく学校設置を受け入れられたことに加え，地域が学校づくりに支援できることがあれば対応したいとの申し入れまであったことを知りました。

　この話を伺い，私が第1に挙げた学校づくりの要諦の基本的な条件である「地域の学校」という土台がしっかりできている特別支援学校である確信した瞬間でした。この土台の上に学校づくりが始められたといえます。

　学校づくりの第2の要諦として挙げたい点は，学校づくりの「ミッションとストラテジィー」が明確であるということです。

　この点での市川大野高等学園の学校づくりの意識は明確でした。開設準備室の段階から，めざす学校像の検討に加えて，学校教育目標とその実現に向けた教育課程の検討，具体的な授業づくりへの弛まない努力がされ続けている学校であることを，この三年間の歩みの中で見続けてきました。

　昨年11月22日に実施された第3回学園祭「鶯翠祭」では，1300名を優に超える方々が教師と生徒たちの意欲的な活動の様子に接し，市川大野高等学園の教育活動の成果の一端に共感を覚えていただけたようです。

　本書は，市川大野高等学園の学校づくり三年間の歩みを記録したものです。本のタイトルにありますように高等部単独校での職業教育として「デュアルシステムの実践」を新たな視点から教育課程の柱として位置づけた実践を展開し，その成果を報告する内容が柱となっています。皆様にご覧頂き教育実践の参考に資すれば誠に幸いに存じます。

乙未の新年を迎えて

監修者

はじめに

千葉県立特別支援学校市川大野高等学園の めざす学校の姿

千葉県立特別支援学校市川大野高等学園　校長
渡邉　昌夫

1　高等特別支援学校設立の背景

　千葉県内の特別支援学校の児童生徒数は年々増加傾向にあり，平成11年度の3,718人から，平成21年度には5,063人となり，ここ10年間で約1,300人（約1.4倍）の増加となっています。

　葛南地区においても，平成11年度の469人から平成21年度は825人となり，356人の増加（約1.8倍）となっています。このため，この地区の知的障害者を教育の対象とする特別支援学校の過密化は深刻な状況となっていました。

　千葉県教育委員会では，子どもたち一人一人の教育的ニーズに対応した特別支援教育の推進を図るべく「千葉県特別支援教育推進基本計画」において，過密化への対応と就労をめざす高等部生徒の職業的自立を支援するため，高等学校の施設を活用し，特別支援学校の分校・分教室の設置を進めてきました。平成22年度より千葉県立市川特別支援学校内では，分校設置に向け，基本コンセプトを作り準備を進めてきました。

　平成23年3月には平成27年度までの5年間を見通した「千葉県立特別支援学校整備計画」が策定され，高等学校再編計画により使用されなくなる千葉県立市川北高等学校の校舎に，知的障害者の職業的自立をめざした高等特別支援学校（分校から新設校として）を平成24年に開校し，葛南地区の特別支援学校の過密化解消と，知的障害者の職業的自立の推進を図ることとなりました。平成23年4月には市川特別支援学校内に高等特別支援学校の準備室が設置され，平成22年度から行われてきた準備が引き継がれました。

　開校前年の地元への説明会では，設置反対の意見は全くなく，生徒数を考えて管理棟も3階まで必要ではないか。通学路は，近道もあるが迷わないほうの道が良い。また，農家の方からは梨畑での作業や竹炭作りや米作りなどの協力ができるなどのお話もあり地域と共に歩んでいく学校となることを確信しました。

　生徒が今日一日の活動に満足し，明日を楽しみに待つ学校生活。今を豊かに生きて，確かな生きる力，本物の働く力を育むことを願い，以下の目標を立て

て開校を待つことになりました。

2 めざす学校の姿

【教育目標】

> 本物の働く力を育み，笑顔輝く生徒の育成
> －全ての生徒の企業就労と豊かな社会参加の実現を目指す－

【キーワード】

- 本物の働く力
- 確かな生きる力
- 豊かな学校生活
- 地域とともに

【重点課題】

①就労率100％をめざした特色のある教育課程の編成
②生徒一人一人の勤労観・職業観を育てるキャリア教育の実践
③社会のニーズに応じた学科・コース運営と現場実習，就業体験の充実
④学ぶ楽しさや喜びを実感できる教科学習の充実
⑤安全と安心のある学校生活〔生徒指導の充実〕
⑥芸術，文化，スポーツ活動などの課外活動の充実
⑦地域の特別支援教育のセンター的機能を発揮する

【具体的な方策】

職業教育の充実のために

○4学科9コースの運営の充実
○事業所とのデュアルシステムを取り入れた授業展開

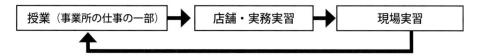

授業（事業所の仕事の一部）→ 店舗・実務実習 → 現場実習

○外部講師の講話やソーシャルスキルトレーニング等を取り入れた
　「ビジネスマナー」（学校設定教科）の導入
○企業や地域の専門家を活用した授業の実践と展開
　・専門教科の中で専門家の指導
　・「職業」及び「ビジネスマナー」の中で企業や専門家の指導
○ビジネススキルの一つとして情報機器，情報活用能力の育成
○校産校消システムによる教育活動の充実と効率化

【フードサービスコースを中心とした例】

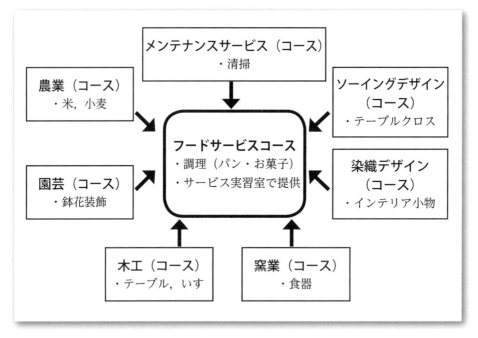

【流通コースを中心とした例】

教科学習の充実のために

○教科学習時間の十分な確保と指導内容の向上
○学習そのものに興味をもち，探究していける教育課程の工夫
○専門性の高い教職員の確保と研修による質の向上
　・小，中，高，特別支援学校から公募の実施

進路指導の充実のために

○組織的・計画的・継続的な進路指導・支援体制の構築
　・葛南地区の特別支援学校，就業支援機関，ハローワーク等の関係機関との連絡会議の実施
　・職業学科や職業コースを設置している特別支援学校との連絡会議及び情報交換

豊かな学校生活ために

○人間関係調整能力，自己選択，自己決定の力を育てる特別活動（委員会活動等），総合的な学習の時間，道徳等の実践
○多様な課外活動の選択により趣味に打ち込み，競技大会やコンクールへの積極的な参加，資格の取得等に挑戦
○生徒指導部を中心とした組織的な生徒指導
○近隣の中・高等学校との交流及び共同学習の実施
　・近隣の中・高等学校と行事や授業，部活動等の交流
　・工業高校等からの技術提供及び共同学習，共同開発等

地域のセンターとして

○近隣の中・高等学校への教育相談及び進路相談
○中学校からの実習の受け入れ等による中高一貫したキャリア教育の推進

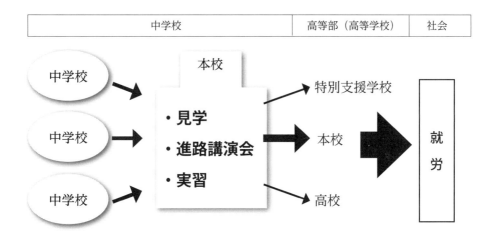

3　開校から3年間

「市川大野高等学園」という校名は一般に校名募集を行い，62候補の応募がありました。本校は千葉県市川市大野町に位置し，市川大野という名称は駅名にもなり市民によく親しまれています。地域との連携を深め，地域密着型の学校になってほしいとの願いを込め，（千葉県立特別支援学校）市川大野高等学園という校名が決まりました。（以下市川大野高等学園）

開校して，4月に集まった全教職員の初めての作業は体育館の床に積もった埃を取る雑巾がけでした。そうして迎えた第1回入学式では，新入生が大きな声で校歌を歌い私たちを驚かせました。彼らは学校のホームページより校歌をダウンロードして事前に練習していたのでした。

5月の体育祭では，1年生だけのため各係の仕事を生徒会の委員会ごとに分担し合い，当日は種目に参加し続け生徒応援席はほとんど空の状態でした。

　7月には事業所の皆様のご協力をいただき，すべての学科でデュアル実習が行われるようになりました。その後も学園祭，販売会などの行事を行い，毎年内容もパワーも倍増していきました。今年度は，3学年がすべて揃い，学園祭の名称を生徒と一緒に考えました。市川市の鳥でもあり校章に描かれている「鶯」と緑豊かな本校をイメージした「翠」という字を組み合わせて「鶯翠祭」と名づけられました。

　「鶯翠祭」では地域の方々と「開かれた学校づくり委員会」委員による「ミニ集会」が開かれました。「開かれた学校づくり委員会」では，保護者の代表や関係機関や連合町会長などの地域の方々に授業や行事を参観していただき，学校運営について意見交換を行います。この委員会では，平成22年度より千葉県立市川特別支援学校長として本校開校に向けての準備に携わってこられた田所明房先生（現・植草学園大学）に委員長をお願いしています。

　また，教職員の研究・研修では開校当初より宮﨑英憲先生（東洋大学）をお招きしてキャリア教育について校内研修を行い，本校の研究統括アドバイザーとなっていただきました。また，各学科の研修には，園芸技術科に澤口英夫先生（淑徳大学），工業技術科に國井光男先生（千葉県総合教育センター），生活デザイン科に西　英美先生（元千葉県立柏特別支援学校），流通サービス科に加藤　哲先生（淑徳大学）のご指導をいただいています。本校の実践にご理解とご協力をいただいているたくさんの皆様方には感謝の気持ちで一杯です。生徒も教職員も新しい学校を創っていくという気持ちが満ちあふれています。今後も教育目標を実現するため実践を進めてまいります。

千葉県立特別支援学校市川大野高等学園の紹介

　本校は知的障害のある高等部生徒の社会的・職業的自立を図ることを目的とした千葉県内2校目の高等特別支援学校として、千葉県市川市に平成24年4月に開校しました。

　職業学科を置く高等部単独の特別支援学校として、知的障害者の社会的・職業的自立をめざす教育の充実と葛南地区等の特別支援学校の過密化解消を図り、職業教育を推進する中核機関としての役割を担っています。

　職業に関する専門学科として、園芸技術科、工業技術科、生活デザイン科、流通サービス科の4つがあり、各学科24名、1学年96名定員です。4つの職業学科はさらに9つのコースに分かれ、本物のものづくりやサービスをめざしています（表1）。平成26年度、285名の生徒が県内24の市町から通学しています（表2）。

【表1】

園芸技術科	農業コース 園芸コース	生活デザイン科	ソーイングデザインコース 染織デザインコース
工業技術科	木工コース 窯業コース	流通サービス科	フードサービスコース メンテナンスサービスコース 流通コース

【表2】

市川市	浦安市	船橋市	習志野市	八千代市	松戸市	柏市	鎌ヶ谷市
50	30	31	23	15	37	7	9
流山市	我孫子市	四街道市	成田市	佐倉市	八街市	印西市	白井市
2		4	1	6	2	3	3
東金市	白子町	大網白里市	茂原市	九十九里町	市原市	君津市	千葉市
1	1	2	1	1	5	1	49

本校の教育目標は,「本物の働く力を育み,笑顔輝く生徒の育成　～全ての生徒の企業就労と豊かな社会参加の実現をめざす～」です。
　めざす生徒像は,以下のとおりです。
　○個性を発揮し,日々,自分から意欲的に学習に励む生徒
　○青年期にふさわしい礼儀をもち,明るいあいさつができる生徒
　○将来への夢と希望を創造し,その実現に向けて努力する生徒
　○仲間を思いやり,協力し,人や自然に優しい心をもつ生徒
　○働くことの大切さを知り,責任をもって何事にも取り組む生徒

　教育目標達成に向けて,「本物の働く力」「確かな生きる力」「豊かな学校生活」「地域とともに」をキーワードとして,将来の社会的・職業的自立をめざし,働く生活に必要な基礎・基本（関心・意欲・態度・体力・知識）を育み,豊かな生活を送れる人材の育成を図ることに取り組んでいます。

　「本物の働く力」の育成のために,「市川大野高等学園版デュアルシステム」によるキャリア教育に取り組んでいます。これは,卒業後の社会的・職業的自立に向けて,地域の企業と連携し,「学校における授業」と「企業における実習」を組み合わせた学習です。働く意欲の向上,人間関係の形成,勤労観・職業観の形成,主体的な態度の育成,個々のキャリア形成などを主な目的として,専門教科における授業と継続的な企業実習に取り組んでいます。生徒一人一人が自分の課題を設定し,実習企業を選択しての実習にも取り組んでいます。生徒自身による振り返りを大切にし,生徒主体のキャリア教育を進めています。

　「確かな生きる力」を育むために,生徒一人一人の「わかること」や「できること」を広げることを大切にして,社会で自立していく力の育成に取り組んでいます。
　「豊かな学校生活」を過ごすために,学ぶ楽しさや喜びを実感できる教科学

習，芸術や文化・スポーツ活動の充実を図り，全人的な教育に取り組んでいます。部活動は，運動系として，陸上競技部・テニス部・サッカー部・野球部・卓球部・バスケット部(男女別)・フライングディスク部があり，文化系として，パソコン部・音楽部・美術部・ボードゲーム部・日本文化部があります。月・水・金の週3回活動しています。その他に漢字検定，英語検定，千葉県障害者技能競技大会（パソコン検定，清掃検定など）や各種競技大会，コンクール等への積極的な参加も支援しています。

　本校が「地域とともに」あるために，近隣の中学校・高等学校への教育相談や進路相談の実施や中学校からの体験学習の受け入れ，高等学校との交流及び共同学習の実施など，地域の特別支援教育のセンター的な機能にも取り組んでいます。

　教育課程（週日課）は，表3～6のとおりです（代表例）。

【表3】1年　園芸技術科

	月	火	水	木	金
8:30	登校					
8:30	清掃					
8:45	SHR					
1　9:00	専門教科	専門教科	専門教科	専門教科	自活
2　9:50					家庭
3　10:40					職業
4　11:30			国語		保体
12:00	給食					
5　13:00	特活	音楽	道徳	社会	数学
6　13:50	理科	美術	英語	数学	情報
7　14:40	LHR	保体	体育	総合	国語
15:25	SHR					
15:40	部活動		部活動		部活動

【表4】2年　工業技術科

	月	火	水	木	金
8:30	登校					
8:30	清掃					
8:45	SHR					
1　9:00	数学	専門教科	専門教科	専門教科	音楽
2　9:50	職業				保体
3　10:40	国語		保体		情報
4　11:30	LHR		国語		英語
12:00	給食					
5　13:00	特活	専門教科	自活	専門教科	数学
6　13:50	美術		家庭		理科
7　14:40	総合		道徳		社会
15:25	SHR					
15:40	部活動		部活動		部活動

【表5】3年　生活デザイン科

	月	火	水	木	金
8:30	登校				
8:30	清掃				
8:45	SHR				
1　9:00	専門教科	専門教科	家庭	専門教科	専門教科
2　9:50			情報		
3　10:40			理科		美術
4　11:30			体育		自活
12:00	給食				
5　13:00	特活	国語	英語	専門教科	職業
6　13:50	LHR	道徳	数学		体育
7　14:40	社会	総合	音楽		国語
15:25	SHR				
15:40	部活動		部活動		部活動

【表6】3年　流通サービス科

	月	火	水	木	金
8:30	登校				
8:30	清掃				
8:45	SHR				
1　9:00	専門教科	専門教科	専門教科	家庭	専門教科
2　9:50				情報	
3　10:40	音楽			国語	
4　11:30	保体			英語	
12:00	給食				
5　13:00	特活	職業	国語	理科	専門教科
6　13:50	LHR	道徳	社会	自活	
7　14:40	数学	総合	美術	保体	
15:25	SHR				
15:40	部活動		部活動		部活動

主な年間行事は，表7のとおりです。

【表7】

	内　　容
4月	入学式　身体測定　新入生歓迎会　3年修学旅行(H26沖縄方面)
5月	体育祭　避難訓練　PTA総会　学校説明会・見学会
6月	学校公開　2,3年インターンシップ　個別面談
7月	学校公開　1年宿泊学習(H26東京方面)　販売会　夏季休業　入学相談(中3対象)
8月	入学相談(中3対象)
9月	進路説明会　学校公開　高等部スポーツ大会　学校説明会・見学会　前期終業式
10月	後期始業式　1,3年インターンシップ　2年宿泊学習(H26鴨川方面)　個別面談
11月	学園祭　入学者選考説明会　学校公開　避難訓練
12月	生徒会選挙　駅伝大会　学校公開　音楽祭　冬季休業
1月	入学者選考　公開研究会
2月	学校公開　保護者会　2年インターンシップ　販売会
3月	入学説明会　卒業式　個別面談　修了式　学年末休業

第Ⅰ部 「市川大野高等学園版デュアルシステム」の理論と実践

　近年，職業科や職業コースを設置した特別支援学校が，全国的に増加の傾向にあります。多くの場合は，知的障害のある高等部段階の生徒を対象として，社会的・職業的自立を願い，職業教育を中心とした教育を展開しています。その教育課程においては，これまで私たちの先輩が大切にしてきた知的障害教育の源流を維持しつつ，各校において特色のある教育が展開されています。

　千葉県において15年ぶりに新設された，職業科を設置した2校目の高等特別支援学校である本校も，そのうちの1校にあたります。開設準備の段階から，新しい学校の教育の柱としての「デュアルシステム」構想を掲げ，地域に密着し，学校周辺にあふれる地域資源を活用した，特色のある学校を作り上げることを願ってきました。

　開校から3年，私たちの学校では教育課程の中心に「市川大野高等学園版デュアルシステム」を導入し，個性あふれるキャリア教育を展開しています。この実践のキーワードは，日常的な授業としての産業現場等における実習の展開，地域の事業所とのパートナーシップ，生徒主体のキャリア教育です。これまでの産業現場等における実習とは目的や方法を異にした，新しい形のキャリア教育の実践に，全校の教職員が一体となって日々取り組んできました。

　本章では，本校で実践する「市川大野高等学園版デュアルシステム」の理論と実践について紹介します。理論編として，新しい学校づくりへの思い，「市川大野高等学園版デュアルシステム」の定義と目的，教育課程とその具体的方法論，事業所とのパートナーシップなどについて構成しました。実践編では，各学年による系統的な実践，パートナーシップ事業所における具体的な取り組みについて，事例を紹介していきます。

　私たちが取り組む，「市川大野高等学園版デュアルシステム」という特色あるキャリア教育の実践を基に，これからの特別支援学校におけるキャリア教育や産業現場等における実習の在り方について，共に深めていければと思います。

　＊本書で記されている「専門教科」とは，特別支援学校高等部学習指導要領における「主として専門学科において開設される各教科」に拠り，その略称としてして使用しています。

第Ⅰ部 第1章 理論編

第1節
学校教育へのデュアルシステムの導入

東洋大学名誉教授　宮﨑　英憲

1　日本での「デュアルシステム」導入経緯と学校教育への応用

　デュアルシステムは,ドイツで行われている職業教育の名称であることはご存知の通りです。ドイツにおけるデュアルシステムとは,中世からマイスター制度の流れを汲んだ若者の職業訓練を「企業」と「職業学校」で実施されている教育システムを称しており,若者の約6割程度が参加しているといわれています。つまり,企業での実習と学校での講義を平行して行う,若年者向けの職業教育訓練システムということができます。

　日本でこのデュアルシステムという用語が公的に初めて導入されたのは,平成13年11月に東京都産業教育審議会において,「これからの職業教育の在り方について－高校におけるデュアルシステムの実現に向けて－」という諮問を受けたことがきっかけとなりました。ものづくりを担う職人になるための学校づくり(東京都立専門高校改革と連動)をしたいという当時の石原慎太郎東京都知事の意向もあって検討が始まり,平成14年9月に「これからの職業教育の在り方について－高校におけるデュアルシステムの実現に向けて－」という答申が出されました。

　この答申では,企業と学校との新たなパートナーシップ（双方向の協力関係）による教育システムを「東京版デュアルシステム」と名付け,主として工業,特にものづくりの技術・技能の習得に焦点を絞っていますが,その考え方・方針は,他の産業へも適用可能なものとして審議が重ねられたものです。そして,一定の結論に達したとして「東京版デュアルシステム」の高校における導入の方策について答申されたものです。

　その一方で東京都教育委員会は,同審議会への諮問に合わせて,平成13年度から3年間,東京都立蔵前工業高校を"研究開発指定校"としてデュアルシステムを導入・検証しています。この事例などを踏まえつつ東京都産業教育審議会の答申を受け,平成16年4月,東京都立六郷工科高校（東京都大田区）に,全国で初めて「デュアルシステム科」が創設されています。

2　文部科学省における専門高校での「日本版デュアルシステム」推進

　文部科学省は，平成16年5月，「日本版デュアルシステム（実務・教育連結型人材育成システム）」推進事業実施要綱を定め，専門（職業）教育を主とする学科などを置く高等学校等（以下「専門高校等」という）における「日本版デュアルシステム（実務・教育連結型人材育成システム）」の効果的な導入方法等について実証的資料を得るため，このシステムの研究開発を行う地域を指定し，専門高校等における「日本版デュアルシステム」推進事業（以下「推進事業」という）を実施しています。

　この文部科学省の「推進事業」は，「専門高校等における「日本版デュアルシステム」に関する調査研究協力者会議」が平成16年2月にとりまとめた『専門高校等における「日本版デュアルシステム」の推進について－実務と教育が連結した新しい人材育成システム推進のための政策提言－』に基づき事業化されたものです。この調査研究協力者会議の報告書では，日本版デュアルシステムの具体的なねらいとして，次の8つを挙げています。

① 実際的，実践的な職業知識や技術・技能の習得を通して生徒の資質・能力を一層伸長するとともに，生徒の主体的な職業選択の能力や職業意識を育てる。
② 企業実習を通して，働く意義を理解するとともに職業人の誇りを感得して，社会参加に積極的な生徒の意欲・態度や勤労観，職業観を育成する。
③ 異世代とも積極的かつ円滑にコミュニケーションすることができる能力・態度を育成する。
④ 「業を起こす」という起業家精神を涵養する。
⑤ 諸職種の仕事を知り，生徒が自己の適性等に合った職種を発見するなど進路選択に資する。
⑥ 我が国の産業・経済の発展を担った「ものづくり」の技術・技能を継承する人材育成を図るとともに，産業・経済の情報化・サービス化あるいは社会の高齢化といった変化に柔軟に対応しつつ，これからの人材を育成する。
⑦ 専門高校等と地域の産業・企業とのパートナーシップを確立するとともに，地域の産業・企業が求める人材を育成し，その発展に資する。
⑧ 高等学校，特に専門高校等の教育を活性化するとともに，地域企業等の雇用の発掘や高校生の就職機会の拡大を促進し，地域産業の振興を図る。

　以上のように，専門高校等における「日本版デュアルシステム」には，多くのねらいが付与されていますが，なかでも「実際的，実践的な職業知識や技

術・技能の習得」と「社会参加に積極的な生徒の意欲・態度や勤労観，職業観の育成」が第一義的なねらいであることが明記されています。

さて，推進事業実施要綱に基づき，平成16年度は15地域18校が指定され，平成17年度は5地域5校が新たに追加指定され，3年間の「日本版デュアルシステム」推進事業が実施されています。

指定を受けた地域・専門高校では，学識経験者や企業関係者から構成されるデュアルシステム運営委員会が設置され，生徒と受入企業とのコーディネーター役を務めています。また，各学校では，日本版デュアルシステムのねらいを念頭に置き，地域の産業・企業とのパートナーシップの確立などに留意してカリキュラムの検討がされています。このカリキュラムを特徴づけるものは，何といっても企業実習の位置づけにあります。指定を受けている学校のカリキュラムを見ると，企業実習を行う学年や実施日数等に差異があることがわかります。最も長期の実習が組まれているのがデュアルシステム科を設置した東京都立六郷工科高校（協力企業約50社）で，1年次で1社10日間を合計3社，2年次は5～6月の2ヵ月8単位，3年次は10～11月の2ヵ月8単位に加えて5～6月の2ヵ月8単位も選択できるとされています。その他の指定校では，3週間から1ヵ月程度の実習期間が設定されています。

この推進事業の特徴は，文部科学省のホームページに掲載されている事業の成果報告内容を見るとはっきりしますが，調査研究協力者会議の報告書でねらいとされている「実際的，実践的な職業知識や技術・技能の習得」と「社会参加に積極的な生徒の意欲・態度や勤労観，職業観の育成」が第一義的な実践であったことを，次のような点からも読み取ることができます。
事業の成果報告内容生徒及び企業にとっての事業成果として次のような点が挙げられています。

＜生徒側のメリット＞
・早くから生きた技術・技能を身につけることができる
・長期間のため実践的な就業訓練が可能である
・仕事への意欲や責任感，学習意欲を高める
・進路のミスマッチを防ぐことができる
・就業体験が単位として認められる

＜企業側のメリット＞
・高い職業意識と実践的な技術・技能を持つ若い人材の確保ができる
・実習を受けた生徒を卒業後，即戦力として雇用することも可能

・早期から人材の育成を行うことで，技術・技能の継承が可能

　この事業成果報告書から推察すると，企業側では，地域で貢献する職業人養成制度としての認識が生まれたこと，学校（生徒の学びという視点）側では，実習を重視した教育課程へと移行する高校が生まれる契機となったことがうかがえます。

3　「デュアルシステム」を掲げた特別支援学校における取組

　従来から，特別支援学校（特に知的障害校高等部）において，生徒の社会参加・自立を意識して，企業と連携した実習（産業現場等における実習）を重視した教育課程が編成されてきていました。

　小学部・中学部・高等部と一貫して，児童生徒が自分の課題をしっかりと受けとめるための進路学習等を進めるとともに，作業学習や進路先見学会等を通じて働くことの意味や社会の仕組みや自己と社会の関係を理解できるような具体的な学習を進めてきたといえます。また，高等部の生徒は，産業現場等における実習（現場実習等）の体験を通して，より現実的な自分の進路先への見通しを持たせることで進路選択・決定に結びつけてきました。

　児童生徒は，こうした体験を通して日常の学習活動や生活態度を大きく変化させることが自明とされてきました。「今，学習していることが将来どのように役立つのか」といった発見や自覚が，日頃の学習に対する姿勢や意欲の改善につながり，そのことが更なる新たな発見やより深い自覚に結びついていくと考えられてきました。こうした観点は，「専門高校等における「日本版デュアルシステム」に関する調査研究協力者会議」が報告書にまとめたデュアルシステムのねらいの少なくとも①②⑤は達成しているといえます。また，いくつかのねらいの意図は十分にクリアできる教育実践が展開されてきたといえると考えます。また，専門高校でのカリキュラム編成で検討されてきた企業実習の位置づけについては，どの特別支援学校にあっても，従来からの企業実習実績の上に積み上げられた経験知に基づき，カリキュラム編成上，重要な位置づけがされてきています。こうした状況にあって，特別支援学校でデュアルシステムの取組を学校の柱に据える学校が出てくることは，当然の成り行きだったともいえます。

　特別支援学校において「デュアルシステム」を掲げた取組を始めたのは，京都市立白河養護学校（現・京都市立白河総合支援学校）です。同校は，平成16年4月，京都市立白河総合支援学校と名称変更し，職業学科「産業総合科」

を開設しています。

　平成17年11月，総合養護学校版デュアルシステム研究会を発足させ，「デュアルシステム」についての研究を開始。平成19年1月には，京都市立総合養護学校版デュアルシステム推進ネットワーク会議が発足し，京都経営者協会及び11企業が参加。さらに，平成20年2月には，職業自立を推進するための実践研究事業「障害のある生徒の雇用促進に関する企業セミナー」を開催すると共に，企業向けにデュアルシステムを推進するための「就労支援マニュアル」(試案)が発刊するなどの取組がされています。

　京都市立白河総合養護学校版デュアルシステムのねらいと取組についての特徴を以下にまとめてみました。

○デュアルシステムのねらい
・企業と学校とのパートナーシップのもとで，職業人として人材育成を行う進路指導システムである。
・在学中から長期の企業実習を通して，企業が必要とする実践的な知識や技能を身につけ，卒業後，即戦力となる人材の育成をめざす。
・企業と生徒の合意があれば，卒業後も続けてその企業に就職していくことを可能としていくシステムである。

○デュアルシステムの導入と長期実習の意味
　デュアルシステムの導入は，教育課程の中心に産業現場等における実習を据えることと捉えています。そのことを通して，学校全体の意識を変え，教育理念がぶれないようにすることが浸透するように心がけられています。

　生徒が3年間に企業で行う実習期間の目安は，1年生で6週間，2年生で10週間，3年生では14週間が目安とされています。この実習の期間は，あくまでも目安であり，個々のキャリア形成のあり方に係ってくると捉えられているようです。

　このような京都市立白河総合養護学校版デュアルシステムは，全国の専門学校等で実施されている日本版デュアルシステムとの違いは，「個別のキャリアプラン(個別の包括プラン)」をツールとして企業における実習と学校の教育課程との連携を図っていることが挙げられます。そのため，実習計画に基づく事前学習と実習後のフィードバックを学校教育全体の中で柔軟に取組めるようにしてあることに特色を見出すことができると考えます。

4　教育課程に「デュアルシステム」をどう位置づけるのか

　前述したように、日本の高等学校段階での「デュアルシステム」の導入は、学校教育と企業との連携した職業教育に他なりません。特徴的な取組としての企業実習を通じて、働くことへの意識を高めていくという仕組は始まったばかりです。

　一方、知的障害特別支援学校においては、1970年代から進路指導の一環として企業実習を取り入れて、生徒の就労を促す取組が続けられてきました。昭和47年知的障害養護学校中学部学習指導要領、昭和49年知的障害養護学校高等部学習指導要領に「作業学習」が位置づけられ、この作業学習と関連性を持たせた企業実習が教育課程上に位置づけられました。

　この企業実習の位置づけは、生徒の就労を促す取組として重要性を増していきました。ただ、企業実習の教育課程上の位置づけに当たっては、実習回数や実習期間の長短に論議が終始してきた感があります。

　知的障害特別支援学校での「デュアルシステム」の導入を考えるに当たっては、従来から取組んできた「作業学習」と「産業現場等における実習」「進路相談」さらには「企業・地域関係機関との連携」といった教育活動全般を新たな視点から教育課程上で捉え直す必要があります。

　市川大野高等学園は、学校づくりの当初からまさにこの点についての教育課程上での組み立て直しの三年間であったといえます。「市川大野高等学園版デュアルシステム」と名づけたのもこうした意識からです。この組み立て直しについて以下に述べてまいります。

＜参考文献＞
1. 「これからの職業教育について－高校におけるデュアルシステムの実現に向けて－」(答申) 平成14年9月 第20期東京都産業教育審議会
2. 「専門高校等における「日本版デュアルシステム」の推進について－実務と教育が連結した新しい人材育成システム推進のための政策提言－」平成16年2月　専門高校等における「日本版デュアルシステム」に関する調査研究協力者会議
3. 「日本版デュアルシステム（実務・教育連結型人材育成システム）」推進事業実施要綱」平成16年5月文部科学省初等中等教育局長決定
4. 『学校のカタチ－「デュアルシステムとキャリア教育」－』森脇勤著 2011年12月　ジアース教育新社

第2節
新しい学校づくりと
「市川大野高等学園版デュアルシステム」

1　学校づくりへの思いと私たちがめざす「デュアルシステム」

　千葉県立特別支援学校整備計画（H23.3 千葉県教育委員会）に基づき，知的障害のある生徒を対象とした高等特別支援学校の開校向けて，平成23年4月に千葉県立市川高等特別支援学校（仮称）準備室が設置されました。準備室においては，職業学科を置く高等特別支援学校として，知的障害のある生徒の社会的・職業的自立をめざす教育の充実と，地域の職業教育を推進する中核機関としての役割を担う学校としての検討を進めてきました。県内においては15年ぶりの新設校，そして2校目の職業科を設置した高等部単独の特別支援学校が誕生することになります。

　これまでの特別支援学校の進路指導においては，就職率や数値目標にのみにとらわれて，教職員主導の進路指導に陥ることが懸念されてきました。ときには，本人の意思やニーズがおざなりにされ，教職員や保護者の思いのみによって進路が決定されることもあります。私たちが大切にしたいことは，生徒本人が自分から学び，自分で課題を解決し，進路を主体的に選択・決定できるようになるための教育・授業を実践していきたいという思いです。つまり，訓練的な進路指導ではなく，生徒が主体的に進路を自己選択・自己決定できるためのキャリア教育を日常的に実践していくことです。そのための実践的な方法として，学校の柱としての「デュアルシステム」構想を掲げ，教育課程の中心に据えていくことをめざしました。

　では，これまでの特別支援学校における「デュアルシステム」と本校でめざしていく「デュアルシステム」とは，何が違うのでしょうか。多くの特別支援学校では，産業現場等における実習（現場実習等）が教育課程に位置づけられ，進路指導や職業教育の中心的な役割として実践されています。「デュアルシステム」を導入するにあたり，先進的に取り組みを行っている各地の実践校の視察に訪問しました。ある学校では，「『デュアルシステム』を導入したが，現場実習との目的の違いが不鮮明であり，結果的に今までの現場実習に回帰した。」という話題がありました。これまでの現場実習等の延長線上の取り組みとして

位置づけ，企業と本人とのジョブマッチングを図るための就労支援としての取り組みが中心であったと思われます。つまり，特別支援学校におけるこれまでの「デュアルシステム」は，方法論としての相違はありますが，その目的においては現場実習と同様の就労支援に重点が置かれています。いわゆる出口指導としての「デュアルシステム」として，機能してきたと考えられます。

　私たちの学校における進路指導においては，教育活動全体を進路支援ととらえていくことをめざしています。卒業後の生活を見据えた生き方支援，キャリア教育へと方向転換し，生徒が主体的に進路を選択・決定し，そして豊かな社会生活・職業生活を送ることのできるための教育課程を作りあげることが大きな願いです。そのためには，「デュアルシステム」を社会的自立・職業的自立に向けた，個々のキャリア発達を支えるキャリア教育として位置づけ，入口から行う「デュアルシステム」へ目的の転換を図っていくことが必要でした。就職支援やマッチングに重点をおいた「デュアルシステム」ではなく，つまり日常的に授業として積み重ねていく「デュアルシステム」です。

　私たちが，めざしていく「デュアルシステム」では，期待できる効果やメリットとして次のようなが点が挙げられます。

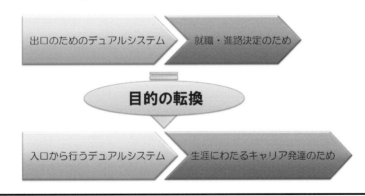

○様々な本物の授業を長期的・継続的に体験できる。
○早期段階（入口）から社会生活・職業生活との接点を持つことができる。
○自身に対する客観的理解（自己理解）を深め，広げることができる。
○個々の教育的ニーズに合わせた実習パターンが編成できる。
○生徒・教職員が共に企業から人材育成の方法論を学ぶことができる。
　（ジョブコーチとしての教職員を育成することができる。）
○地域の社会資源との連携によるキャリア教育を展開することができる。
　（地域のコミュニティスクールとしての機能を果たすことができる。）

これらの期待やメリットを実際に実現していくためには，地域の社会資源である企業とのパートナーシップ関係が必要になります。パートナーシップとは，これまでのある限られた期間限定の現場実習を受け入れていただく関係性ではありません。長期的・継続的に，日常的な授業として展開していく，言わば専門教科における校外の実習室のような場としての関係性です。さらに，様々な教育的ニーズをもった個性あふれる生徒たちの教育，つまりキャリア発達を願う教育に共に支援者として携わる関係性でもあります。こうしたパートナーシップ関係が構築される近隣の企業を開拓すること。さらに，学校の授業では体験することができない本物の授業を，実際に経験することができる企業を整備していくことが，私たちの「デュアルシステム」には欠かせないのです。これまでも現場実習等の取り組みでは，事前・事後学習などから教育活動全体にフィードバックすることを重視しています。私たちの「デュアルシステム」では，学校における授業と企業における授業との相互のPDCAサイクルを日常化していきます。パートナーシップ関係が構築された地域の企業において，授業に活きる取り組み，生徒たちが自分の課題や目標を理解し，主体的に解決していく取り組みを，日常的に実践できることに特色があるのです。

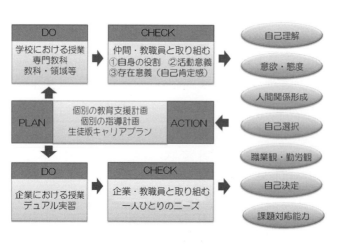

＜「デュアルシステム」で想定されたパートナーシップ企業（案）＞

○　運輸・物流など	・・・運輸・倉庫業等関連業者
○　飲食・サービスなど	・・・レストラン，喫茶店
○　小売業など	・・・スーパー，コンビニエンスストア
○　ソーイング・染織など	・・・衣料品倉庫内作業，縫製工場
○　農業・園芸など	・・・近隣農家や梨畑
○　ビルメンテナンスなど	・・・バス会社，病院，老人保健施設
○　製パン・菓子製造など	・・・近隣店舗，食品製造工場
○　木工・窯業など	・・・製造業

2 「市川大野高等学園版デュアルシステム」の定義

　本校においては,「市川大野高等学園版デュアルシステム」を個々のキャリア発達を支えるキャリア教育として位置づけ,出口のためではなく,入口から行うデュアルシステムを具体化することをめざします。職業人を育成することや就職することを目的としたワークキャリアではなく,主体的で自立的な社会生活を送ることや生涯の生き方を支援することを目的としたライフキャリアを大切にした取り組みです。

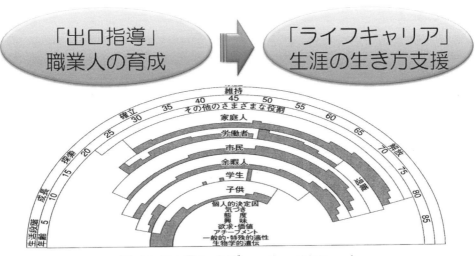

〈ライフ・キャリア・レインボー : Donald.E.Super〉

　「市川大野高等学園版デュアルシステム」を形づくるために,検討してきたことや大切にしたことには,次のようなことが挙げられます。

○これまで実践されてきた「デュアルシステム」の概念との相違の理解
○「デュアルシステム」の定義づけと全教職員の共通した解釈
○生徒が自分自身で活用できるツールの開発
○「デュアルシステム」としての実習の具体的なプランニング・手続き
　・担任や各学科教職員,進路指導部との連携の在り方
　・担任と生徒による,生徒主体のプランニング
○各教科等との連携
　・専門教科における教育的ニーズの共通理解と活動の具体化
　・領域・教科との連携(総合的学習の時間や学級の時間などの活用)
　・インターンシップへのスムーズな連携・移行

では，本校の教育課程にどのように「デュアルシステム」を位置づけているかということです。一般の各教科や道徳，自立活動，特別活動などの領域，そして総合的な学習の時間などで，教育課程編成していますが，その中心は職業科の各学科・コースごと設定されている専門教科です。「デュアルシステム」としての実習（※本校では略称「デュアル実習」）は，専門教科として設定された時間内において実施しています。

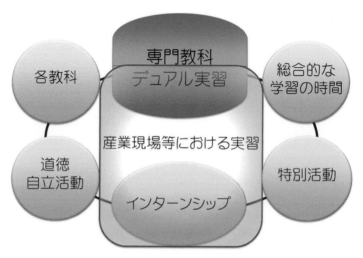

　「デュアル実習」は専門教科内における産業現場等における実習として位置づけて取り組んでいますが，本校では「インターンシップ」も並行して，取り組んでいきます。「インターンシップ」は，これまでの特別支援学校において一般的に実践されている現場実習と同様の取り組みです。教科「職業」における産業現場等における実習として，教育課程に位置づけています。本校では，産業現場等における実習として「デュアル実習」と「インターンシップ」の2つの取り組みがあります。産業現場等における実習や現場実習などといった用語について，混同された使用や理解の混乱を避けるために，本校では現場実習ではなく，「インターンシップ」として用語の定義づけをしました。

　「市川大野高等学園版デュアルシステム」の構築に向けて，最も重要視してきたことは，その「インターンシップ」との目的の違いを鮮明にし，それぞれの明確な定義づけを行うことです。「デュアル実習」は，これまで述べてきたように，キャリア教育としての取り組みとして位置づけ，社会や職業への円滑な移行に必要な能力や知識（基礎的・汎用的能力等）を育成していくことが目的です。一方，「インターンシップ」は，職業教育としての取り組みとして位置づけています。これは，すなわち職業選択や生徒自身の進路決定への理解，

職業的自立に向けた知識・技能の育成を目的としています。補足として，職業教育は，キャリア教育とは異質のものではなく，キャリア教育に包括され，その一部を担うものとしています。

　これらは理念や目的としての定義の側面ですが，実際の生徒の取り組み方としての定義についても，共通理解しておきたいと思います。「デュアル実習」は，専門教科として位置づけていますので，年間を通して専門教科の授業において取り組んでいきます。つまり，専門教科の授業を実際の企業内において実践していくことになります。その際，教職員が必ず引率し，教職員と共に働きながら学びます。一方，「インターンシップ」は，基本的には年間計画に位置づけられた期間において，2週間の企業における実習に取り組みます。自宅から実習先の事業所に出勤し，生徒たちは一人で従業員の方と共に働きながら，実際の職業人としての経験値を高めていきます。卒業後の自分たちの姿を想定しながら，本物の働く生活を経験する取り組みです。

　両者とも，同様の企業における実習ですが，それぞれの目的や考え方，実際の方法について明確な定義づけを行うことは，全教員の共通理解を図りながら，同じ方向をめざして，生徒一人一人を支援するためには，最も重要な側面であると考えています。

デュアル実習（年間・教師と共に働く実習）

| キャリア教育 | 社会・職業への円滑な移行に必要な力の育成（基礎的・汎用的能力など） |

インターンシップ（2週間・従業員と共に働く実習）

| 職業教育 | 職業選択・進路決定への理解　職業的自立に向けた知識・技能 |

3 「市川大野高等学園版デュアルシステム」の目的と方法

「市川大野高等学園版デュアルシステム」の主な目的は，キャリア教育としての取り組みとして位置づけ，社会や職業への円滑な移行に必要な能力や知識（基礎的・汎用的能力等）を育成することですが，本校では以下のように定義しています。具体的には各学年段階において，系統的なキャリア教育システムとしての取り組みとなるように，主なねらいについても明示しています。

> 生徒一人一人の将来のライフキャリアの充実・発展及び生涯にわたるキャリア発達を支えることを目的とし，市川大野高等学園版デュアルシステムを導入する。本校におけるキャリア教育の中核として，基礎的・汎用的能力等を中心とした社会的・職業的自立や社会・職業への円滑な移行に必要な力の育成に向けて，専門教科を中心に実践する。

学　年	中心目標	キャリア発達課題
第1学年	自己理解	基礎的・基本的な知識・技能 専門教科における専門性 働く意欲
第2学年	自己選択	人間関係形成（他者理解・コミュニケーション） 社会形成能力（チームワーク・リーダーシップ） 職業観・勤労観 主体的・自立的に取り組む態度
第3学年	自己決定	論理的思考（創意工夫・効率化）／創造力 キャリア（役割・意義・価値）の形成 課題への対応／キャリアプランニング 専門的な知識・技能

＜第1学年＞

○専門教科においては，職業生活における基礎的・基本的な知識・技能を育成する。
○専門教科とデュアル実習の相互の取り組み（振り返り）を通して，自己理解を進める。
○教職員や仲間，また企業スタッフと共に働くことを通して，働く意欲の育成や人間関係の形成（他者理解・コミュニケーション）を図る。
○学科・コースに関連する企業における実習を通して，専門教科における専門性を高める。

<第2学年>
　○デュアル実習企業の選定において，キャリアカウンセリング等を通し自己選択を進める。
　○継続的な取り組みを通して，職業観（職業に対する理解）・勤労観（労働に対する意義・価値等）を高める。
　○自身のニーズや目標・課題の達成に向けて，主体的に取り組む態度を育成する。
　○コース内における下学年とのデュアル実習を通して，社会形成能力（チームワーク・リーダーシップ等）を育成する。

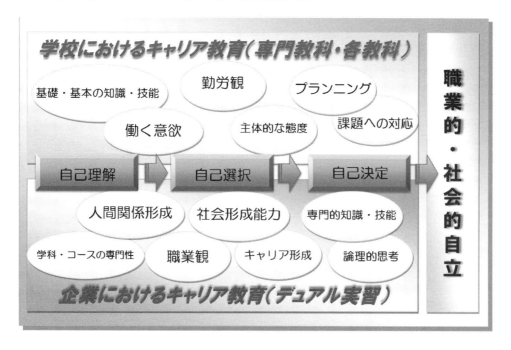

＜市川大野高等学園におけるキャリア教育概念図＞

＜具体的実習手続きのフローチャート＞

①学科・コース，学級において，生徒の教育的ニーズの把握

⬇

②生徒自身によるプランニング「夢プラン（生徒版キャリアプラン）」*1

⬇

③実習計画の立案
【第1学年（学科・コース内デュアル）】
　○生徒の実習計画・指導教職員の配置計画：各学科・コース
【第2学年（選択デュアル）】
　○生徒の実習計画：進路指導部　○指導教職員の配置計画：各コース

⬇

④デュアル実習開始

【担任】○キャリアカウンセリング 　　　　○キャリアプラン（作成・修正） 【コース】 　　　　○日程計画立案（第1学年） 　　　　○実習引率・支援	【進路指導部】 　○実習契約 　○日程計画立案（第2学年） 　○各学科・コースの実習コーディネート 　○実習企業との連絡・調整

＜デュアル実習モデルプラン①〜第1学年：フードサービスコース＞

【個別の教育支援計画によるキャリア発達課題設定】

キャリアアセスメント*2	ねがい（本人ニーズ）	キャリア発達課題 （教育的ニーズ）
正確な仕事ぶり 全体的な自信のなさ 人間関係形成への不安	お客様にパン販売したい 接客業に就職したい	成功経験の積み上げ 仕事に対する自信 場に応じた挨拶・対応

【デュアル実習のプランニング】

和食レストランでの実習　火曜日：ＡＭ（毎週）

目標設定	目標設定	目標設定
○基本的な知識・技能 ○働く意欲	○笑顔での接客 ○自信を持っての応対	○自信を高めて主体的に ○スタッフとの人間関係

実習内容	実習内容	実習内容
・店内清掃・開店準備 ・ドリンクセット ・そば盛り付け	・宴会セッティング ・ホールサービス ・お客様出迎え・送り	・そば・茶碗蒸し仕込み ・魚介類仕込み ・小鉢・煮物等盛り付け

＜デュアル実習モデルプラン②～第1学年：農業コース＞

【個別の教育支援計画によるキャリア発達課題設定】

キャリアアセスメント	ねがい（本人ニーズ）	キャリア発達課題（教育的ニーズ）
仕事のていねいさ 真摯に取り組む姿勢 人間関係形成への不安	就職して働きたい コミュニケーションが苦手	周囲との人間関係形成 仕事への理解と正確性 仲間や周囲との協力

【デュアル実習のプランニング】

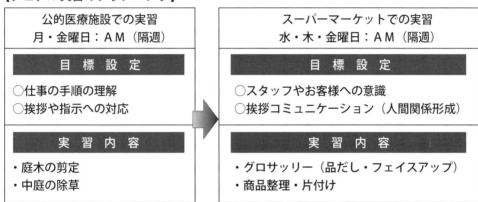

＜デュアル実習モデルプラン③～第2学年：自己選択による取り組み＞

【個別の教育支援計画・「夢プラン」によるキャリア発達課題設定】

キャリアアセスメント	ねがい（本人ニーズ）	キャリア発達課題（教育的ニーズ）
自信のなさ 仕事への責任感がある 気持ちが不安定	老人ホームや保育園などに就職したい。 将来は一人暮らし希望	経験を広げ自信をつける 仕事の役割や意義 周囲とのチームワーク

【デュアル実習のプランニング】

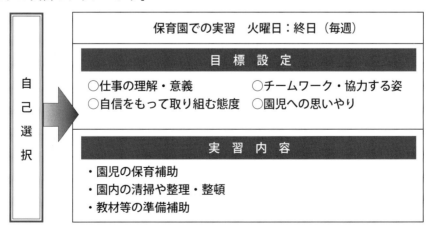

＊１ 「夢プラン」について
　・生徒のニーズの実現に向けた，生徒によるキャリア形成，生徒のためのキャリア支援を目的とし，生徒版キャリアプランを作成した。本校では「夢プラン」とした。
　・生徒自身が自分の将来の希望や夢の実現のために，目標や課題などを整理するための支援ツール。
　・「夢プラン」には生徒が自己理解を進めることができるように生徒版キャリアアセスメントの項目を設けた。
　・総合的な学習の時間などを中心に記入し，担任は生徒が自己選択，自己決定できるように支援していく。専門教科と連動できるように進路指導部と研究研修部が連携を図る。

＊２ 「キャリアアセスメント」について
　①本校では生徒の「働く力」の指標として「就労支援のための訓練用チェックリスト」（独立行政法人　高齢・障害・求職者雇用支援機構　障害者職業総合センター，就労支援のためのチェックリスト活用の手引き　2009）を活用し，キャリアアセスメントと称している。
　②「キャリアアセスメント」は生徒の教育的ニーズを客観的に評価するものである。生徒の実態を把握するだけでなく，教育的ニーズを明確にし，目標設定や手だてにつなげるものである。就労するための判定ツールとしてではなく，生徒の支援のためのツールとして活用している。作成はコース会議（専門教科の教職員による会議）の協議を経て担任が記入をしている。
　③「キャリアアセスメント」は＊３個別の教育支援計画とリンクし，インターンシップでの生徒資料となり，実習評価票とも関連づけしている。

＊３
　③の項目については第Ⅱ部第３章第１節　本校の進路支援計画とインターンシップの「アセスメントツールの共通化」を参照

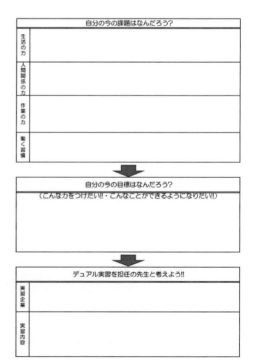

第3節
キャリア教育と本校の学校教育目標

1 キャリア教育・キャリア発達の定義の再確認

　キャリア教育施策をさかのぼると,「初等中等教育と高等教育との接続の改善について」(中教審答申：1999)において,初めてキャリア教育というキーワードが登場しました。これが,我が国におけるキャリア教育の必要性を提唱した始まりです。この答申を受けて,キャリア教育に関する様々な調査研究が,今日まで進められています。その後,文部科学省内には「キャリア教育の推進に関する総合的調査研究協力者会議」が設置され,同報告書(2004)ではキャリア教育を「児童生徒一人一人のキャリア発達を支援し,それぞれにふさわしいキャリアを形成していくために必要な意欲・態度や能力を育てる教育。端的には,児童生徒一人一人の勤労観,職業観を育てる教育。」と定義しています。この定義においては,「キャリア教育」は勤労観・職業観の育成のみに焦点があたってしまうという課題が生じていました。

> 児童生徒一人ひとりのキャリア発達を支援し,それぞれにふさわしいキャリアを形成していくために必要な意欲・態度や能力を育てる教育
> (児童生徒一人一人の勤労観・職業観を育てる教育)
> 「キャリア教育の推進に関する総合的調査研究協力者会議報告書」(2004)

　その後,「今後の学校におけるキャリア教育・職業教育の在り方について」(中央教育審議会：2011)では,「キャリア教育」を「一人一人の社会的・職業的自立に向け,必要な基盤となる能力や態度を育てることを通して,キャリア発達を促す教育」であると再定義しました。その中で,社会的・職業的自立に向け,必要な基盤となる能力として「基礎的・汎用的能力」を提示しています。「キャリア教育」は,学校種別に関わらず,教育活動全体で様々な教育活動を通して,取り組まれるものです。ここで大切にしたいことは,職業的だけではなく,社会的自立のために必要な能力や態度の育成も目的としている点です。「キャリア発達」を「社会の中で自分の役割を果たしながら,自分らしい生き方を実現していく過程」と定義しているように,生き方を支えていく,つまりライフキャリアの育成として,「キャリア教育」を進めていくことを願っているのです。

さらに,「学校が社会と協働して一日も早くすべての児童生徒に充実したキャリア教育を行うために」(キャリア教育における外部人材活用等に関する調査研究協力者会議報告書：2011）では，よりわかりやすく言えば，「キャリア教育」とは，「子どもたちが，社会の一員としての役割を果たすとともに，それぞれの個性，持ち味を最大限発揮しながら，自立して生きていくために必要な能力や態度を育てる教育」としています。

> ○子どもたちが，**社会の一員としての役割**を果たすとともに，それぞれの**個性，持ち味**を最大限発揮しながら，**自立して生きていく**ために必要な能力や態度を育てる教育
> 「学校が社会と協力して一日も早くすべての児童生徒に充実したキャリア教育を行うために」
> (キャリア教育における外部人材活用等に関する調査研究協力者会議報告書：2011)

【ワークキャリアとライフキャリア】

　私たちが「キャリア教育」の実践を進めていくにあたっては，これらの定義をもう一度確認しておく必要があります。主に高等部段階における生徒の「キャリア教育」を進めていく際に，「ワークキャリア」のみに特化していないかということをもう一度見直すことも必要です。ときには，就労という出口のみを意識しすぎるばかりに，職業的なスキルの習得や企業適応に向けた訓練的な対応になることがあります。職業人として必要であるからと，「ワークキャリア」としての対応に偏ることによって，結果的には生徒の主体性を奪うことさえあります。これまでの答申や報告書において示されていることは，生徒の一人一人の「ライフキャリア」を育んでいくことです。就労という出口にのみとらわれず，今のライフステージのキャリアの充実と将来の長いスパンでの「ライフキャリア」の育成を大切にしたいと考えています。

> ○ワークキャリア
> 　職業人としてキャリア　　就労に向けたキャリア
> 　就労に向けて必要な資質・能力と高い関連性

> ○ライフキャリア
> 　就労に限定せず生涯の全ての場面で必要とされる
> 　乳幼児から高年齢，全てのライフステージに存在

【本校の学校教育目標とキャリア教育】

　本校では，教育目標として「本物の働く力を育み，笑顔輝く生徒の育成」を掲げ，全ての生徒の企業就労と豊かな社会参加の実現をめざしています。経営方針のキーワードして，「本物の働く力」「確かな生きる力」「地域とともに」「豊かな学校生活」を重点項目として，将来の社会的・職業的自立をめざし，働く生活に必要な基礎・基本を育み，豊かな社会生活・職業生活を送ることのできる人材の育成を図っています。

本物の働く力を育み，笑顔輝く生徒の育成
―全ての生徒の企業就労と豊かな社会参加をめざす―

- 本物の働く力
- 確かな生きる力
- 豊かな学校生活
- 地域とともに

　学校教育目標や経営方針にも見られるように，教育活動全体においてキャリア教育を進めていくことを位置づけ，「ライフキャリア」の育成に重点を置いています。本校ではキャリア教育の理念を，次のように掲げています。

　知的障害のある生徒に対する教育を行う特別支援学校高等部における各教科等の目標及び内容を踏まえ，高等部段階におけるキャリア教育を，生徒の発達段階・発達課題に合わせて体系的に進める。また，生徒一人一人が社会・職業に円滑に移行することを支援しつつ，学習活動を通じて，生涯にわたりそれぞれの社会人・職業人としてのキャリア形成を支援するための機能の充実を図る。

　その方策として，教育活動全体を通じ，振り返り，関連付け，相互作用を図りながら，社会的・職業的自立や社会・職業への円滑な移行に必要な力（「基礎的・汎用的能力」等）を育成する。学校生活と社会生活・職業生活とをつなげ，自分自身の役割やその意義，価値等を関連付けながら，一人一人のキャリア発達を促すよう支援する

また，経営方針をキャリア教育として，次のように具体化していきます。「本物の働く力」では，一人一人のキャリア発達を促す専門教科の実践やインターンシップによる職業教育。「確かな生きる力」では，ライフキャリアの充実に向けたキャリア形成支援や社会的・職業的自立に向けた進路決定。「地域とともに」では，地域の教育資源を活用したキャリア教育やデュアルシステムにおける企業とのパートナーシップ。「豊かな学校生活」では，現在のライフステージにおける主体的な学校生活やキャリア形成に活きる各教科のカリキュラム。これらを全校で一体的に取り組むことで，学校教育目標の実現を願います。「市川大野高等学園版デュアルシステム」は，そのための重要な柱であるのです。

```
┌─────────────────────┐   ┌─────────────────────┐
│   「本物の働く力」        │   │   「確かな生きる力」      │
│  キャリア発達を促す       │   │    将来に向けた          │
│    専門教科の実践        │   │   キャリア形成支援        │
└─────────────────────┘   └─────────────────────┘

┌───────────────────────────────────────────────┐
│    市川大野高等学園版デュアルシステムの導入         │
└───────────────────────────────────────────────┘

┌─────────────────────┐   ┌─────────────────────┐
│   「地域とともに」        │   │   「豊かな学校生活」      │
│  地域の教育資源を活用     │   │    青年期における         │
│   したキャリア教育        │   │   主体的な学校生活        │
└─────────────────────┘   └─────────────────────┘
```

第4節
事業所の新規開拓とパートナーシップの構築に向けて

1　デュアル実習とインターンシップの職場開拓

　実習先を開拓するにあたって、デュアル実習とインターンシップでは、それぞれの実習に適した事業所に違いがあります。一般的な現場実習先の開拓をする場合、就労の可能性の有無が重要なポイントになります。なぜなら実習終了後に本人や保護者がその実習先での就労を望むケースも少なくないからです。実習先での作業に適性があり、就労を望んだとしても事業所側に雇用の意志が全くなければ、もちろん就労につなげることはできません。しかし、デュアル実習のための職場開拓では、就労の可能性の有無は重要なことではありません。なぜならデュアル実習は、実習先への就労を目的としていないからです。むしろ生徒のキャリア発達を促すのに有効な学びの場になり得るかということが重要です。作業内容はともかく実習を受け入れてくれさえすればそれでよいというような職場開拓は全く意味がありません。その事業所ではどのような作業を体験することができるのか、どのような力を必要とするのか、そしてどのような力をつけることができるのか、それらを考えて職場開拓に臨む必要があるのです。

デュアル実習先とインターンシップ先に求める事項をまとめると以下のようになります。

≪デュアル実習先≫
①障害者理解のあるなしにとらわれない。
　※受入れの段階で障害者理解が不十分であっても、教職員が生徒を引率するため事業所の負担感が少なく、理解を求めていくことができる。
②指導者的な立場の従業員がいなくてもよい。
　※教職員が事業所で直接支援できるため、実習生を直接指導する従業員がいなくてもよい。
③雇用意欲は必要ない。
　※デュアル実習は就労を前提としていないため、雇用意欲の有無は関係ない。
④仕事内容の単純さ・複雑さにとらわれない。

※仕事内容が生徒のキャリア発達を促すのに有効かどうかを最優先し，仕事内容の単純さ，複雑さで適否を判断する必要がない。
⑤学校から徒歩圏内の事業所であること。
　※学校出発，学校帰着を原則としているので，徒歩30〜40分以内の事業所とする。

≪インターンシップ先≫
①障害者に対してある程度知識・理解があること。
　※実習生のみで10日間程度の実習を行うため職場の障害者に対する知識・理解が必要。
②指導者的な立場の従業員がいること。
　※実習生の指導にあたる従業員の方が必要。
②雇用意欲があり，雇用の可能性があること。
　※実習終了後，本人や保護者の希望により就労をお願いするケースが多い。
③作業内容がわかりやすい。
　※作業内容が事業所の方の説明で生徒に理解できることや作業マニュアル・作業工程表があるなど環境が整っていることが必要。
④交通機関を利用して通勤するような場所であってもよい。
　※本校では自宅から片道60分以内がおおよその目安になる。

　デュアル実習は，単に「日常的に行う現場実習」ではありません。生徒を早い段階から社会へつないでいくために，地域の社会的・教育的資源を活用し，キャリア発達を促していく教育システムです。このことからデュアル実習先の職場開拓は，生徒のキャリア発達を促すのに有効な学びの場になり得るかという観点で地域の社会的・教育的資源を開拓していくという意識を持つことが大切なのです。

2　事業所との新たな関係

　職場開拓をしていて気づいたことは，事業所の経営者のほとんどが「未来を担う子どもたちの教育に貢献したい。」と考えていることです。事業所経営を通して地域の人々の役に立ち，社会的責任を全うしようとする経営者の立場からすると当然のことなのかもしれません。
　しかし実際には，「雇用を考えるほど会社に余裕がない」とか「どうしたら貢

献できるのかがよくわからない」といった理由で最初の一歩を踏み出せないでいる事業所が沢山あることも事実です。そのような状況下では，デュアル実習が就労を前提としていないことに興味を持ってくださる経営者は少なくありませんでした。今までの現場実習先開拓は，学校からの事業所への一方的なお願いになるケースが殆どでしたが，デュアル実習先の開拓は「地域の社会的・教育的資源を活用したい学校」と「教育に貢献したい事業所」を結びつけることができる新しい取組であると言えます。事業所と学校の双方にメリットのある新しい関係を生み出せたこと，それは事業所と学校とのWin-Winな関係構築を前に進めることができたと言っても過言ではありません。

3 事業所とのパートナーシップ

事業所と学校のパートナーシップを構築していくためには，本校がめざしているキャリア教育の目的や方法を共有し，協働意識を持つことが必要だと考えました。しかし，学校が一方的にその考え方を押し付けてしまってはうまくいきません。事業所と学校にはそれぞれの文化があり，考え方にも差異があるからです。そのような両者が寄り添い，協働意識を育んでいくためには，互いに安心感を持てる関係づくりが最優先事項となりました。ここでは事業所に安心してデュアル実習を受け入れていただくための取組についてご紹介します。

（1）事業所と積極的にコミュニケーションを図り，その時点で不安に思っていることを先延ばしせずに解決していくこと

事業所の不安は多岐にわたります。具体的には，生徒が行う作業の質の問題，生徒の安全，顧客への影響，従業員への負担感，デュアル実習の効果の有無などがあげられます。事業所から相談を受けた場合は，進路指導部が中心となって速やかな対応を心掛けています。その際の注意点としては，「傾聴」と「教育関係の専門用語を使用しない」ということです。事業所の方に専門用語を並べて説明しても伝わりませんし，不信感を招く恐れすらあります。事業所が不安に思っていることが何かと耳を傾け，解決策を提案し続けることに取り組みました。しかし事業所からの相談を待っているだけでは，問題が水面下で大きくなってしまうこともあります。事業所側の担当者に限らず，一緒に働いている従業員の皆さんからご意見をいただけるようにしました。このような取組の積み重ねが「学校はいつでも事業所のことを気にかけてくれる」といった安心感につながったと思います。

（2）学校側が積極的に事業所を理解しようとすること

　本校の教職員はデュアル実習に引率に行き，生徒と一緒に汗を流して働きます。それは，一緒に働くことで作業の内容を把握することができ，生徒のつまずき等に対応できるからです。しかし，それだけではありません。生徒と一緒に働くということは，その事業所の従業員の皆さんとも一緒に汗を流しているわけです。そこには真のコミュニケーションが生まれます。デュアル実習開始直後は事業所とのコミュニケーションの殆どは進路指導担当者が行っていました。しかし，回数を重ねることで引率していく教職員自身と事業所との間にコミュニケーションが生まれ本音で話ができるようになってきています。また，進路指導担当者は企業の文化を理解するために障害者就業・生活支援センターが主催する「企業・福祉関係者との地域意見交換会」，ハローワーク主催の「企業説明会」，地元中小企業家の皆さんで組織されている「中小企業家同友会」等に参加させていただき，事業所のニーズに耳を傾けるようにしています。パートナーシップは双方向のやりとりから生まれます。学校のことをわかってもらいたいと思ったら，まず相手のことを理解しようとする積極的な態度が必要なのです。教職員が事業所のおかれている立場や学校に求めているニーズを積極的に理解しようとする気持ちや態度がなければ，私たちが伝えたいことも事業所には伝わらないのです。

　デュアル実習に協力してくれる事業所はあるのだろうかと不安で一杯だった開校当初からおよそ3年間でデュアル実習先を約20カ所まで増やすことができたのは，「教育に貢献したいという事業所や地域の皆さんの思い」と「安心して実習を受けていただける職場体験実習システム」と「学校と事業所が互いに理解しようとする積極的な態度」が融合された成果であると考えています。

第5節
デュアルシステムと教育課程

1 デュアルシステムを考慮した日課表づくり

　本校では，開校前の準備室の段階からデュアルシステム導入を前提とした日課表作りが検討されてきました。開校から1年目，2年目，3年目と生徒数，教職員数が増え，教育課程上細かな調整が必要になったことはいうまでもありませんが，デュアル実習を専門教科として教育課程に位置づけ，年間を通して取り組むというスタンスは現在も変わっていません。

　1年生のデュアル実習では，午前中2〜3時間程度，週2回の活動を確保しようと考えました。そこでデュアル実習を実施する曜日は日課表においても午前中の1校時から4校時までの4コマを「専門教科」にする必要がありました。（※1）1年生の専門教科のコマ数は週15コマですから，デュアル実習を考慮して，午前中4コマの日が3日とれるように配置しました。こうすることで，どのコースも最多で週に3回デュアル実習を実施できるようになります。次に頻度ですが，専門教科を行っているコース（※2）にはそれぞれ1年生が8〜12名が所属しています。したがって，その8〜12名でローテーションを組んでいくことになります。実習先の受け入れ人数もさまざまで，1回の受け入れ人数は2〜8名と差異がありますから，毎週のようにデュアル実習に出かけていくコースもありますが，一番頻度が少ないコースでは，ローテーションを1回転させるのに6日間かかります。つまり生徒からすれば3週に1度の頻度となります。ほとんどのコースがこのようにローテーションを組んでいますが，実習の内容によっては連続して体験をしたほうがよい場合もあり，1年生をいくつかのグループに分け，今月はこのグループが集中的にデュアル実習に参加するといったスタイルをとっているコースもあります。

≪1年1組(園芸技術科)の時間割≫

		月	火	水	木	金
	8:30	登　校				
	8:30	清　掃				
	8:45	ＳＨＲ				
1	9:00	専門教科	専門教科	専門教科	専門教科	自活
2	9:50					家庭
3	10:40					職業
4	11:30			国語		体育
	12:10	昼　食				
5	13:00	特活	音楽	道徳	社会	数学
6	13:50	理科	美術	英語	数学	情報
7	14:40	ＬＨＲ	体育	体育	総合	国語
	15:25	ＳＨＲ				
	15:40	部活動		部活動		部活動

　また，2年生のデュアル実習を計画するにあたっては，事業所の皆さんの意見を参考にしました。デュアル実習先には，レストランが3店舗あります。デュアル実習は午前中で終了することを想定していましたので，昼食を学校でとることを考えると11時50分頃には実習先から戻ることになります。店長さんからは「昼の忙しい時間にいてくれたら，飲食業の本当の楽しさや辛さがもっと伝えられるのに・・・」とのご意見がありました。そこで2年生のデュアルシステムには，1日7コマ全て「専門教科」という日課を意図的に2日間配置することにしました。2年生のデュアル実習は，自分の課題解決や職業選択に向け担任とキャリアカウンセリング(※3)を行い，実習先を生徒自身で選択するというスタイルをとっていますので，より内容の濃い実習を行うよう，時間的にも長く設定しようと考えたわけです。このように教職員が一緒に働くデュアル実習は，事業所の方と生徒だけでなく教職員とのコミュニケーションがスムーズとれるようになり，実習についてのアドバイスをいただいたり，実習のプログラムについて話し合ったりすることができるようになってきました。企業の方からいただいたアドバイスが日課表に反映していくまでになってきたのです。

≪1年12組（流通サービス科）の時間割≫

		月	火	水	木	金
	8:30	登　校				
	8:30	清　掃				
	8:45	Ｓ　Ｈ　Ｒ				
1	9:00	体育	理科	専門教科	専門教科	専門教科
2	9:50	英語	情報			
3	10:40	職業	数学		体育	
4	11:30	ＬＨＲ	美術		国語	
	12:10	昼　食				
5	13:00	特活	社会	専門教科	家庭	専門教科
6	13:50	道徳	国語		音楽	
7	14:40	総合	自活		数学	
	15:25	Ｓ　Ｈ　Ｒ				
	15:40	部活動		部活動		部活動

2　コース運営とデュアルシステム

　デュアルシステムは「専門教科」の時間に設定されていますので，コース運営を行っているコース主任（※４）は，デュアル実習に参加する生徒や引率教職員のスケジュールを把握しておく必要があります。コース会議で翌月分のデュアル実習について話し合うのですが，１年生のデュアル実習は，実習先がコース毎に決められているので調整しやすいのが特徴といえます。例えば，コースで人手を要する作業を行う場合や教職員の出張などでコース運営が手薄になるときには，デュアル実習を設定しないことを進路指導部に伝えます。デュアル実習の設定希望日の伝達には校内ＬＡＮを使っており，決められたフォームに生徒名，引率教職員名を入力することで進路指導部に伝わるようになっています。このようにデュアルシステムを進めるにあたって，実習先との交渉は進路指導部，コース行事との調整は教科指導部，学校行事や教育課程との調整は教務部と各部が相互に連携し合って進めています。

> ※１　平成26年度は１日の日課表を午前中４コマ，午後３コマの７コマで構成している。日課表を参照。
> ※２　４学科９コースに分かれて専門教科を進めている。園芸技術科，工業技術科，生活デザイン科がそれぞれ２コース，流通サービスが３コースに分かれている。コースの詳細については別章参照。
> ※３　総合的な学習の時間などを使い，生徒自身の力で職業選択ができるよう支援していく過程の一つで，主に担任と生徒で話し合うスタイルをとっている。必要に応じて保護者や進路指導担当の教職員が入ることもある。
> ※４　コース運営のリーダーとなる教職員で各コースに１名ずつ配置されている。

第6節
デュアルシステムにおけるキャリア教育と地域・事業所とのコミュニティ連携

1 事業所内に広がるデュアル実習の意義

　デュアル実習先の事業所の担当者から，デュアル実習では，実習と実習の間が開き生徒のスキルアップがあまり感じられないことに不安を感じているという相談がありました。本校では職業的なスキルアップだけを実習の目標にしていないこと，ワークキャリア，ライフキャリアについて説明を切り出そうとしたそのときでした。近くにいた事業所マネージャーの方が「デュアル実習はスキルだけを学びに来ているわけではないですよね。わからないことがあったとき，質問したり，自分が困ったときに解決しようとしたりする気持ちを学びに来ているのですよね」。と話してくださいました。デュアル実習を受け入れてくださった事業所の中で，本校の描いているキャリア教育が理解され，広がっていくのを感じました。そして，このような経験が私たちのめざしている事業所とのパートナーシップ構築のための具体的な取り組みとして見えてくるのです。事業所の方の「生徒のために役に立っている」という充実感，満足感がさらなる事業所の意欲を高めていくのです。そのために私たち教職員のできることは何かを考えていきます。これまで行っていた事業所の担当の方にご意見をいただくための訪問は，担当者だけでなくパートの従業員の方々へと広がり，情報交換をしたり，実習でお世話になった生徒の近況報告したりするスタイルへと変わっていきました。

2 地域とともに

　学園祭に来校していただいたご婦人が窯業コースの製品を手に取りながら生徒に声をかけてくださいました。「〇〇くん，立派な茶碗だね。頑張ってるじゃない。」私はなぜご婦人が生徒の名前を知っているのか不思議に思いました。声をかけられた生徒も嬉しそうに茶碗の説明をしています。実は声をかけてくださったご婦人は，近隣のバス会社の方で，デュアル実習でお世話になっているのです。農業コースがリヤカーに野菜を積んで学校の近隣へ販売にいけば，デュアル実習先のレストランの厨房から「今日は何があるの？」と従業員の方が声をかけてくださいます。驚いたのはそれだけではありません。「〇〇さんが礼儀

正しいのはデュアル実習のときだけじゃないのね。学校でも気持ちのいいあいさつをしているのね。」と声がかかります。つまり，事業所や地域の方が生徒の長所や課題についても把握してくださっているのです。デュアル実習が教育活動として成り立っていると感じた瞬間でした。しかしながら，デュアル実習先からクレームがないわけではありません。実習後にお電話をいただくこともありますし，実習中にお叱りをいただくこともあります。内容は教職員の身だしなみから支援方法まで多岐にわたります。その度，進路指導部が足を運び，事業所の皆様の声に耳を傾け，解決策を提案し続けるスタイルは今も変わりません。このような日々の積み重ねが学校と事業所が協働して生徒を支援するシステムを支えています。

　今後はさらなる協働意識の確立をめざして，デュアル実習に参加する生徒の課題の共有方法や事業所・学校それぞれの知識や経験に基づいた手だての提案を進めていきたいと思います。学校がセンター的な役割を担いながら，地域と学校が「未来を担う子どもたちの教育」を協働して行えるシステムの1つの例が市川大野高等学園版デュアルシステムであると思います。

第7節
今後への課題とこれからの展望

1 事業所とのパートナーシップを確かなものに

　開校から3年目を迎え，「市川大野高等学園版デュアルシステム」のパートナーシップ事業所として約20社の協力をいただきながら，本校のキャリア教育を展開してきました。キャリア教育システムとしての全体的な枠組みは，これまでの取り組みから構築されつつあります。今後，本校のキャリア教育の中心的な取り組みとして，「市川大野高等学園デュアルシステム」をよりよいものにしていくためには，まず事業所とのパートナーシップを確かなものにすることであると考えています。

　これからの学校教育においては，早い段階から子どもたちを社会へつなげていく取り組みが重要です。つまり，入口の段階から早期に社会的体験を積み重ねていく取り組みです。例えば，実習に出せる状況でないから事業所での実習機会を先延ばしにしていくことや，校内での訓練的な取り組みに終始するようなことは，子どもたちの社会的自立・職業的自立を願うキャリア教育の観点からは避けたいものです。特に，知的障害のある子どもたちにとっては，実際的で，体験的な様々な取り組みを大切にしたいと思います。これからも私たちの学校では，学校で完結しない教育，地域の社会的・教育的資源を活用した教育を教育課程の中心に位置づけ，日常的な授業としての「市川大野高等学園版デュアルシステム」を，積極的に進めていきたいと考えています。

　私たちの学校に限らず，地域には多くの社会的，教育的資源が存在しています。最近では，事業所が教育活動に参加する「教育CSR」に，積極的に取り組む時代になりました。事業所の社会的責任（CSR）は，コンプライアンスに基づく障害者雇用に限定されません。事業所という地域の資源と密接な連携・協力をしながら，子どもたちの教育活動をよりよいものにしていきたいと願っています。そのためには，こうした生徒の大切なサポーターである事業所と，パートナーシップ関係を構築することが，私たちの大きな課題でもあります。ある実習先の事業所から，次のような課題をいただきました。デュアル実習の目的や意義はよくわかるが，この実習がどのような効果があって，実際に生徒たちの成長にどれくらい貢献できているのかがわかりにくいと。事業所側も生徒のキャリア発達を目のあたりにすることによって，実習に対する企業

の役割や貢献度を実感することを願っています。本校がめざしているキャリア教育の目的やその具体的な方法をお互いに共通理解すること。実習の計画やプログラムについて，助言をいただきながら，共同で立案していくこと。生徒たちの実際の取り組みから，その効果や生徒たちの育ちを共有化し，事業所側にフィードバックすることなどが重要であると考えています。共に生徒のキャリア発達を支える仲間として，学校と事業所が協働し，キャリア教育の環境を最適化することが必要なのです。

2　生徒主体のキャリア教育を願って

　この取り組みを進めるにあたり，何よりも大切にしたいことは，ワークキャリアに特化した教師主導型のキャリア教育ではなく，生徒個々の教育的ニーズに合わせた，生徒主体の実践で在り続けることです。

　学校から社会への移行を視野に入れた際に，事業所へ就職するためのスキルの習得や事業所で求められるであろう内容を不自然に学校生活に盛り込み，職業訓練的な取り組みに邁進することが見受けられます。生徒主体と言葉では願いながら，「事業所が求めているから」，「就職するためには必要だから」と，生徒の主体性を奪っていないか，教師側の環境的評価を絶えず行って行く必要があります。過去の知的障害教育の背景として，「職業自立」を理由に，職業教育を訓練化したことにより，生徒の主体的活動を奪った苦い経験があります。これからの知的障害教育を担う私たちは，同じ過ちを二度と繰り返してはいけないと考えています。

　本校で実践する「市川大野高等学園版デュアルシステム」では，生徒自身による主体的な課題解決，生徒によるプランニングとPDCAサイクルを活用した取り組みをめざしています。具体的な課題としては，夢プラン（生徒版のキャリアプラン）の効果的な活用，デュアルメモ（＊1）を活用したPDCAサイクルによる生徒主体の課題解決，生徒のニーズに合わせたデュアル実習のプランニングなどが挙げられます。これまでの3年間では，「市川大野高等学園版デュアルシステム」の骨格を整え，系統的なキャリア教育の実践として展開してきました。この実践をさらによりよいシステムとしていくためのキーワードは，「生徒主体のキャリア教育」であるということです。これまでの実践から，ハードからソフトの充実を図り，生徒が主体的に取り組む実習としての検証が必要になります。そのためのツールの活用や教職員間の共通理解など，質的な側面をより高めていくことをめざしていきたいと思います。

3　豊かで充実した最後の学校生活を

　最後に，生徒たちにとって高等部の３年間は，学校生活であることを忘れてはいけません。社会へ巣立つための最後の学校生活，つまり学齢期最後の学びの場であるわけです。ライフキャリアの観点からは，青年期そして学生としてのライフステージにおいて，学ぶ主体者としての生徒自身の役割に精一杯取り組んでほしいと願います。確かに，高等部段階における産業現場等における実習を始めとした進路選択に直結する取り組みは，重要であることは言うまでもありません。しかし，出口としての企業就労をめざしているからといって，職業訓練的な取り組みや企業での実習が全てではありません。いくら就労に必要な様々なスキルを習得し，企業での実習を量的に数多くこなしても，学校生活が豊かで，充実していなければ，現在のライフステージにおいて，十分なキャリアを積んでいることにはならないと考えます。日々の授業や学校行事などを充実したものにし，主体的で豊かな学校生活を送ることが，生徒たちにとっては最も大切なことであるのです。満足感，達成感のある日々の学校生活を，確実に積み上げていくことが，生徒のキャリア形成の大きな柱になっていくことを願っています

　「市川大野高等学園版デュアルシステム」の特徴は，日常的な授業として展開している点にあります。つまり，専門教科の授業を学校を離れた企業という実際的な現場で行っています。企業での実習（授業）と校内における授業の双方を充実したものにしていくことが，私たちの取り組みには必要不可欠です。各学科やコースにおける専門教科においては，生徒のキャリア発達を支えるために，自分の役割や活動の意義がわかり，生徒たちが主体的に活動する姿を願って，日々の授業に取り組んでいます。そのために，授業を単元化し，「自分の役割がわかる」「活動の意義がわかる」「なくてはならない存在だと気づく」ことができるように手だてを講じます。企業での実習（授業）を充実することだけでなく，「市川大野高等学園版デュアルシステム」のベースとなる校内の授業も充実した取り組みにしていくことで，生徒のキャリア発達をよりよく支えていきたいと考えています。

　　＊１　デュアルメモ　　デュアル実習に行く際に生徒が携帯するメモ帳。
　　　　　　　　　　　　　事前に生徒自身が目標を記入しておく。実習終了後に良かった点，改善点を記入する。引率教職員は生徒の自己評価にコメントを記載する。実習後デュアルメモは担任が目を通し，共有化している。

コ*ラ*ム

　本書では，コラムのコーナーを設け，学校生活の一コマを3つのカテゴリーに分けて紹介しています。

　1つ目の【笑顔輝く学校生活編】は，生徒たちが楽しく充実した学校生活を送ることができるような学校の組織体制，教育課程，学校行事などの取り組みの一部を挙げました。本校の教育目標である「笑顔輝く生徒の育成」は，キャリア教育を全ての教育活動で行うことを基盤に，学ぶ楽しさや喜びを実感できる仕組みづくりや教職員の支援の工夫から実現することをめざしています。

　2つ目の【地域とのつながり編】は，開校当初から地域に根ざした学校づくりをめざす，日々の実践例を挙げました。本校が地域の方から受け入れられ，生徒たちが人とのふれあいを通して，あいさつをすることの大切さや製品を買っていただく喜びを感じことができ，地域の方々に育てていただいていることを実感しています。ここでは地域の方とのふれあいのエピソードを中心に掲載しました。

　3つ目の【インターンシップ・デュアル実習編】は，生徒の学びだけでなく，教職員の学びの場であることの気づきに焦点を当てました。教職員が事業所へ出向くとき，ビジネスマナーはもちろん，生徒の支援をどのように事業所に橋渡しできるか専門性が求められます。また，インターンシップであれば，事業所と保護者との橋渡し役になります。校外に出て気づく，生徒への支援の大切さやときには失敗から学ぶことも多々ありました。まさに，インターンシップやデュアル実習は教職員にとっての「キャリア発達」の重要な場になっていると思います。いくつかの例を紹介します。

コラム 1　インターンシップ・デュアル実習編

インターンシップ・デュアル実習編

＊＊＊＊＊＊＊＊＊＊＊＊＊　＊　**共に成長**　＊　＊＊＊＊＊＊＊＊＊＊＊＊

　「先生，おはようございます」「先生，今日の社会科は何を勉強するんですか？」廊下を歩いていると多くの生徒が声をかけてくれます。教師の職に就くことができ本当に良かったなと感じる日々です。

　本校では，「本物の働く力の育成」を教育目標としてデュアルシステムを取り入れた授業展開を行っています。デュアル実習の良さは本物の働く現場に触れることができることや，事業所の方々と関わる中で，社会で通用するマナーを学ぶことと考えています。

　私が初めてデュアル実習に行く日のことでした。私の緊張した様子を察してか，生徒が「先生，デュアル実習，緊張しますか？大丈夫ですよ！私は1度デュアル実習に行っているのでわからないことがあったら聞いてください。」と言葉をかけてくれました。私はこの言葉に勇気づけられると同時に，とても驚きました。入学当初は，あいさつをしても恥ずかしそうに小声であいさつを返したり，授業でもなかなか自分から発言したりすることは少なかったからです。また，実習先では学校で苦戦していたポリッシャー操作を難なくこなす姿が見られました。

　これらの変容は，デュアル実習において企業の方からの的確なアドバイスや作業に対する賞賛を受けたことにより，生徒自身に自信がついたからではないかと考えています。デュアル実習は生徒たちが専門教科において掴んだ手ごたえをより確かな自信へとつなげることができるものだと思います。

　生徒は多くのことを教えてくれます。「生徒から学ぶ」ことが大切だと実感しています。私は生徒が発信する小さな教えを見逃さない教師になっていきたいと思います。生徒と一緒に活動をし，教師としても人間としても一歩一歩成長していきたいです。

第Ⅰ部 第2章 デュアルシステムの実践

第1節　第1学年のデュアルシステム

第1学年デュアルシステムの概要

　第1学年で実施されるデュアル実習は，学科や専門コースを単位としてパートナーシップ企業を選定しています。パートナーシップ企業の業種は様々であり，小売業やクリーニング，清掃，飲食業など，多くの近隣企業から協力を得られることができました。また，実際に取り組む作業内容は，日常的に取り組んでいる専門の授業と関連するものであったり，学習した技術や知識を活かせる内容になるよう設定しています。具体的なパートナーシップ企業と対応する学科，専門コースについては，図1に示します。

図1　第1学年デュアル実習　各学科，専門コースとパートナーシップ企業の組み合わせ

学　科	コース	実習先企業の仕事内容
園芸技術科	農　業	施設外周の剪定作業 小売店での品出し 小売店での青果販売補助
	園　芸	
工業技術科	木　工	バス車内清掃作業 クリーニング補助
	窯　業	
生活デザイン科	ソーイングデザイン	衣料品の検品・袋詰め作業 保育補助・教材準備
	染織デザイン	
流通サービス科	フードサービス	調理補助・接客補助
	メンテナンスサービス	施設内清掃・ビルメンテナンス
	流　通	メール便配達

　生徒の多くは，企業においての社会経験は少ないため，このデュアル実習を通じて，働くことへのイメージや意欲・意義の向上，職場で必要とされる人間関係の形成をめざしていきます。また，仕事をしながら，課題を見つけ自分で克服方法や次回の目標を考えます。1年間を通じて継続的に取り組むことで，自分の得意分野や苦手分野など自分自身を理解していく「自己理解」を深めていきます。

　実施状況は1つの企業につき，2～4名程の生徒が，週に2～3回程度実習に取り組んでいます。また，実習時間は，午前の授業時間を活用して実施して

います。基本的には実施回数が均等になるように，1回ごとに生徒の入れ替えをしていますが，実習で取り組む仕事内容によっては数回継続して取り組んで入れ替えることもあります。指導プログラムについては，生徒の状況に応じて学校と企業とが協力をして作成しており，企業の視点も含めた教育活動を展開することができています。また，デュアル実習開始時には，オリエンテーションの機会を設定していますが，生徒たちが実際に取り組む仕事内容の説明や持ち物や注意点の連絡だけでなく，各企業の企業理念や企業を取り巻く環境などの話をいただくこともあります。企業側も単純に体験として捉えているのではなく，実習の間は一社員，社会人として生徒を育てようという姿勢を感じることができます。このような側面から生徒たちは，働く姿勢や態度といった基盤を学ぶことができます。

　デュアル実習に引率する教職員の取り組みにも特徴があり，生徒の指導，支援をするだけではなく，教職員が企業の中で共に実習する，働くという取り組みを行っています。第1学年のキャリア発達として目標である「自己理解」という視点からデュアル実習は，教職員が主導して行う授業ではなく，生徒が主体となって，地域の企業とかかわりながら学んでいくという考えがあります。ゆえに，生徒が自分で気づいたり，感じたりしながら自分で工夫をしていくことが重要になります。教職員はそのサポートを行うことが主な役割であり，身近な大人の働く姿勢や態度を示すことも生徒の気づきのための大切な要素となります。

　デュアル実習の前と後には毎回，目標の確認と振り返りの機会を設け，実習に取り組んでいく自分を見つめる時間を設定するようにしています。目標設定や振り返りについても，教職員が次の課題や取り組む内容を指示するのではなく，上記したとおり，その日の実習した経験から次回の実習へ向けた課題や希望を生徒が考え，それに対する手立ても生徒自身が考え，実行していきます。つまり，1年間継続して実習に取り組む中で，生徒の学習の中に，生徒が自分でPDCAサイクルを作り出すように教職員が支援をしていきます。

　1年間かけて培った「自己理解」は次の段階として，自分のニーズを叶えるために，何を学んでいくか「自己選択」をしていく第2学年のデュアル実習へとつながっていきます。第2学年では，ニーズを叶えるために，1年間の実習先を教職員と相談しながら，自分で選択していくという形に変わっていきます。

実践① 公的医療施設での実習～園芸技術科～

事業所の特色

病院，介護老人保健施設，デイサービスセンターからなる複合医療施設です。学校より徒歩５分の立地環境にあります。施設敷地内の緑地管理の委託を受けて，庭木の剪定や除草作業を行っています。園芸技術科が，一体となって取り組んでいます。

１日の実習スケジュール

9：00	事前学習準備
9：15	学校発
9：25	事業所着
9：30	あいさつ・準備
9：45	施設敷地内の剪定 　庭木の剪定 　中庭の除草等
11：20	剪定作業終了 片付け
11：45	あいさつ
11：50	事業所発
12：00	学校着　振り返り

【生徒主体のキャリア教育に向けた実習のポイントと手だて】

○実習の業務開始時と終了時に，施設事務局に行き，必ずあいさつをするようにしています。委託を受けて行っているという意識づけを大切にしています。

○敷地が広いので，敷地内の状況と生徒の進行状況に合わせて，業務を行うエリアを事務局と相談しながら進めています。

○活動前に目標とする剪定範囲等を決めることで，自分たちの役割を自覚し責任感を持って取り組むことができます。

○同じ高さに揃えて剪定できるよう，初期段階では水糸を張って基準となる水平線を設置しておきます。上達後は，教職員が基準となる高さで一部分剪定することで，その高さを意識して取り組むようにしています。

○利用者の方はもちろん地域の方々とも会う機会も多く，あいさつをしたり，通路をあけたりなど，常に周囲を意識して取り組むことが必要になります。

○実習後には必ず振り返りを行い，仲間の取り組みの様子や課題などを共有し合って，次回の実習につながるようにしています。

【Aさんのニーズと取り組みの様子】

　仕事を正確に覚えることを目標としています。仕事のスピードは速いですが，植木にはさみを入れすぎるなどの課題があります。仕事を行うときには，水糸で刈り込む位置を目で確認できるようにしています。5月から継続的に取り組んでいますが，徐々に植木をまっすぐに刈り込めるようになってきました。

【Bさんのニーズと取り組みの様子】

　剪定に必要な手順は覚えて取り組むことができます。集中力が続かず，手が止まることが課題なので，目標時間や仕事の終了時間を確認して取り組むようにしています。また，仕事の仕上がりを賞賛することで達成感を味わうようにしています。2年目を迎えて仕事に対する意欲も芽生え，集中する時間も増えてきました。

【Cさんのニーズと取り組みの様子】

　剪定，除草などの仕事の内容は正確に覚えており，リーダーとして全体に作業内容を伝えることができます。自信がなく，1，2年生のころには教職員の指示を待つこともありましたが，今では後輩に仕事のポイントを的確に伝えたり，協力して同じ植木の剪定を行ったりできるようになってきました。

実践 ②　スーパーマーケットでの実習〜園芸コース〜

事業所の特色

学校より徒歩20分程度の環境にある，地域の中心的スーパーマーケットです。青果部における業務を中心に，青果の袋詰めや計量，店内での品出しに取り組んでいます。地域のお客様とふれあいながら，総合的に小売業を体験することができます。

1日の実習スケジュール

9：00　事前学習
9：15　学校出発
9：40　青果部業務
　　　　青果の袋詰め
　　　　計量
　　　　品だし
11：30　事業所出発
11：50　学校到着
12：00　実習の振り返り

【生徒主体のキャリア教育に向けた実習のポイントと手だて】

○実習のはじめに，社員の方や進路指導部によるオリエンテーションを実施し，スーパーにおける業務内容，注意事項，接客のルールなどの理解を深めています。

○店舗での品出し，バックヤードにおける商品準備などに取り組むことで，全体を通した小売業の仕事を体験的に学ぶことができます。

○お客様を常に感じながら業務に取り組むことができるため，「あいさつ」「接客」などのお客様とのコミュニケーションを必要とされます。

○お客様に質問を受けることが多く，臨機応変な対応や従業員の方への報告や連絡，相談などを，必然的に経験していきます。

○実習後には，自己評価と振り返りを行い，今回の課題や次回への目標を確認し合います。実習の目的を明確にして，実習に取り組んでいます。

【Aさんのニーズと取り組みの様子】

　自分にあまり自信がないAさんは，はじめは事業所の雰囲気になじめず，あいさつができずにいました。元気にあいさつができる生徒と2人のペアで実習に行くようにしたことで，少しずつ大きな声であいさつができるようになってきました。仲間からの影響も受け，それ以降，さまざまな場面で自信を持てるようになってきています。

【Bさんのニーズと取り組みの様子】

　情緒が不安定なところのある生徒であり，作業がうまくいかず戸惑ったときなどに，イライラすることがありました。教職員が間に入りながら，相談や報告の練習をしたり，一緒に働きながら声をかけていくことで，困ったときに自分から相談することができるようになってきました。「〇〇さん，次の仕事は何ですか。」と従業員の方の名前も覚えて，自分から報告することができるようにもなりました。

【Cさんのニーズと取り組みの様子】

　学校では遅刻や欠席が多かった生徒です。何度か実習を重ねていくうちに，従業員の方々の雰囲気がとても良かったことで，楽しんで実習に行くようになりました。実習に対する自信もつけていきました。1年生の10月には，この事業所で2週間のインターンシップを行いました。1日も休むことなく，充実感を持って仕事に取り組んでいました。

実践③　スーパーマーケットでの実習〜農業コース〜

事業所の特色

県内に本社のあるスーパーマーケット。生徒の居住地域にも同店舗があり，身近な事業所です。学校より徒歩25分の場所に位置しています。グロッサリー業務を中心に，商品管理や接客サービスなどの経験を通して，学んでいます。

1日の実習スケジュール

- 9：00　事前学習
- 9：20　学校出発
- 9：50　入店・開店準備
- 10：00　開店
  - 業務の確認
  - グロッサリー業務
  - ドライ商品・食品の品出し・前出し
  - 段ボールの片づけ
- 11：30　片づけ・退店
- 12：00　学校到着
  - 日誌の記入
  - 実習の振り返り

【生徒主体のキャリア教育に向けた実習のポイントと手だて】

○事前に，店長や進路指導部によるオリエンテーションを実施し，「店内ルール，業務内容，サービス心得」について，理解を深めています。

○お客様を常に意識しながら取り組むことができるため，「報告・連絡・相談（質問）」などのコミュニケーションには必然性があります。

○「あいさつする・案内する」などのお客様とのコミュニケーションを通して，本物の接客を体験したり，学んだりすることができます。

○「整理・整頓・安全」を意識しながら，限られたスペースと時間で効率よく仕事を進めることが重要です。

○事前の「実習のポイント」と事後の「自己評価」を毎回行い，次回の目標を仲間と確認し合い，目的を意識して取り組めるようにしています。

○「服装・礼法」など，場に応じたマナーがあることを経験的に学び，専門教科や販売活動などに，フィードバックするようにしています。

【Aさんのニーズと取り組みの様子】

　賞味期限などの数字確認や商品の整頓は大好きな仕事です。仕事は速く正確ですが，言葉遣いや人の話を聞く姿勢・態度等が課題です。自分の大好きな仕事に継続して取り組むためには，「正しい言葉遣いと姿勢を身につける」ことが自分の課題であることを知りました。「ていねいに話す」ことを目標に，日々取り組んでいます。

【Bさんのニーズと取り組みの様子】

　仕事はていねいで，時間いっぱい集中して取り組むことができます。しかし，わからないことがあっても，忙しそうにしているスタッフになかなか話しかけられず，タイミングがつかめません。報告・連絡・相談の必要性は十分理解しています。実践するために「相手の目を見る→話しかける」ことを目標に取り組んでいます。

【Cさんのニーズと取り組みの様子】

　教職員の指示や了解を頼りに仕事に取り組む傾向があります。本事業所では，仲間と2人であることや教職員と共に働きながら支えるという環境で，実習に取り組んでいます。「仲間の様子や担当職員の取り組む様子を見ながら，自分で考えて仕事を覚える」ことを目標に取り組んでいます。

実践④　バス会社営業所での実習〜工業技術科〜

事業所の特色

市川市内に本社のある，大手バス会社の営業所です。本校から，徒歩2分の場所に位置しています。常時30台程のバスが，所内に常駐しています。シルバーのパートスタッフの指導の下，主にバス車内の清掃作業を行っています。

1日の実習スケジュール

- 9：00　事前学習
- 9：50　学校出発
- 9：55　実習先に到着
  あいさつ・グループ分け
- 10：00　実習開始
  バス車内清掃業務
  （3台程度）
- 11：40　実習終了
- 11：45　あいさつ・実習先出発
- 11：50　学校到着
- 11：55　まとめ
  日誌の記入
  実習の振り返り

【生徒主体のキャリア教育に向けた実習のポイントと手だて】

○デュアル実習開始日に，進路指導部によるデュアル実習に関するガイダンスを行います。実習する事業所でも見学や仕事の説明を受けます。

○生徒が見通しをもって実習に取り組めるように，月ごとの実習予定表を早めに提示しています。

○毎回のデュアル実習時には，出発前の時間を使って実習で大切にすることなどを確認し合いながら，本時における個々の目標を確認しています。

○実習先では，基本的には業務に関する指導は事業所の従業員の方が行います。教職員は共に働きながら，様子をみて生徒を支援します。

○引率の教職員は生徒の良きモデルになるように意識しながら，生徒と共に一生懸命働くことを大切にしています。

○帰校後には実習の振り返りを行います。自分の目標に対しての自己評価，良かった点や課題点などについて，実習日誌に記入し，発表を行います。

【A さんのニーズと取り組みの様子】

はじめは慣れない様子でしたが，繰り返し取り組んでいくに従って，指示内容を理解して，自分から手順どおりに作業を進めることができるようになりました。従業員の方によって多少手順が違うことに戸惑う様子が見られました。そのような場面でも，次第に柔軟に対応できるようになってきました。

【B さんのニーズと取り組みの様子】

仕事がとてもていねいですが，時間がかかりすぎる傾向がありました。今行っている作業を何時何分までに終わらせるというように，自分で時間を意識しながら取り組んでいくようにしました。時間を気にかけながら，徐々にペースも上がるようになってきました。ていねいさと仕事の効率の両方を，自分なりに意識することを大切にしています。

【C さんのニーズと取り組みの様子】

ぞうきんの絞り方については，S君に限らず，他の生徒も不慣れな生徒が多かったようです。従業員の方に絞り方の手順をていねいに指導していただきました。握力が弱い生徒が多く，最初はなかなか力強く絞ることは苦手でしたが，実習の際に何度も行う場面があるので，要領も覚えてしっかりと絞るようになりました。必要な場面で繰り返し取り組む大切さを実感します。

実践⑤　クリーニング工場での実習～工業技術科～

事業所の特色

ホームクリーニングからリネンクリーニングまで，総合的なクリーニングを行う工場です。本校から徒歩10分程の環境にあります。主に浴衣やリネンの仕分けを行い，働く意欲や継続する力が必要になります。

1日の実習スケジュール

9：00　事前学習
9：15　学校出発
9：30　実習先に到着
　　　　あいさつ・作業準備
9：40　実習開始
　　　　浴衣・タオル仕分け
（途中休憩）
11：30　実習終了・片づけ
11：35　あいさつ・実習先出発
11：45　学校到着
11：50　まとめ
　　　　日誌の記入
　　　　実習の振り返り

【生徒主体のキャリア教育に向けた実習のポイントと手だて】
○実習前に，オリエンテーションと職場見学を実施し，仕事内容等についての説明や確認を行います。実習を通して，勤労観を学べるようにしています。
○浴衣のサイズと男女用を確認し，サイズごとに仕分けています。天候等によって働く場所が多少変わることもありますが，教職員と相談しながら，かごやカートの配置を考え，場の設定を工夫して取り組んでいます。
○生徒同士で互いに協力したり，フォローし合ったりしながら，仕事を進めていく中で，チームで取り組むことを学ぶ機会となっています。
○事前学習では，「あいさつ」「身だしなみ」「ていねいな言葉遣い」について話題にしています。これらを意識して実習に取り組みながら，専門教科や販売活動での学習にも，フィードバックするようにしています。

【Aさんのニーズと取り組みの様子】
　あいさつや言葉遣いは，状況に応じて使えるようになってきました。積極的に仕事に取り組み，手順を確認しながら進めますが，時間がかかることがありました。事前に実習の時間を自分で確認して，作業のペースを上げることを目標にしています。

【Bさんのニーズと取り組み様子】
　器用で仕事への意欲はありますが，自分なりのペースで進めることが多いので，活動量や時間を事前に決めて，一緒に確認し合うようにしました。次第にペースよく進めるようになり，目の前のカートの仕分けが終わると自分から報告して，次の仕事に向かいます。意欲的に取り組む様子が，たくさんみられるようになってきました。

【Cさんのニーズと取り組みの様子】
　仕事内容や手順の理解は，繰り返し取り組むと覚えていきます。仕事内容が変更になったり，注意されたりすると，戸惑うこともあったので，わかりやすい言葉で説明するようにしています。自分から理解しようとする姿勢もみられ，スムーズに活動できるようになりました。

実践⑥　衣料品物流センターでの実習〜生活デザイン科〜

事業所の特色

アパレル関係の商品を取り扱う物流センターです。学校から徒歩２０分の立地環境です。海外で製造された衣料品の検品やタグ付け，パッキングなどの国内出荷業務を行っています。パート従業員の指導のもと，軽作業を中心に取り組んでいます。

１日の実習スケジュール

9：00	事前学習
9：05	学校出発
9：25	事業所に到着　実習内容の説明
9：30	出荷業務　検品・タグ付け　パッキング等
10：30	途中休憩　出荷業務
11：30	実習終了　片づけ
11：35	事業所出発
11：55	学校到着
12：00	実習の振り返り

【生徒主体のキャリア教育に向けた実習のポイントと手だて】

○見通しや仕事への意欲が持てるように，事業所に出向いて事前オリエンテーションを行います。事業所見学や仕事内容の説明・確認を行います。

○毎回の実習後には，学校で課題や今後の目標を記入し，振り返りを行います。また，コース内においても，皆の前で報告を行い，全員で課題を共有して専門教科に活かすようにしています。

○また，衣料品の検品や数量チェック，タグ付け，パッキングなど，仕事としての基本的な要素が多く盛り込まれている実習になります。学校の専門教科における取り組みと関連した内容も多く，日常的な活動にフィードバックしやすい取り組みです。

○基本的には，２時間程の立ち作業での軽作業です。１年生の実習の導入としては，どの生徒も取り組みやすい実習です。

○生徒と教職員，パート従業員と，みんなで協力しての作業です。コミュニケーションを取りながら，チームで働くことを，実際的に学ぶことができます。

【Aさんのニーズと取り組みの様子】

いつも元気よく，実習にも積極的に取り組んでいます。作業に落ち着いて取り組むことや報告の仕方が課題でした。実習では，主に洋服の検針や袋詰めなどの仕事に取り組んでいきました。実際の事業所での実習を通して，自分の課題をより深めていったようです。失敗しないように自分で意識しながら，落ち着いて，ていねいに取り組むことで，主体的な取り組みになっていきました。

【Bさんのニーズと取り組みの様子】

生活リズムの乱れや体力不足のため，集中力の持続が当面の課題でした。専門教科では，わかりやすい活動を用意し，目標を設定して見通しを持って仕事に取り組んできました。見通しをもてると，集中して取り組む様子が見られます。実習では，不慣れな立ち仕事も，時間の見通しをもって，午前中の2時間の作業に集中している姿は，Bさんの成長を感じる瞬間でした。

【Cさんのニーズと取り組みの様子】

リーダーとしての自覚が少しずつ出てきて，とても頑張っている生徒です。しかし，服薬の影響で体調がすぐれない日が多く，他の生徒と同じペースで取り組むことが難しいこともあります。実際の仕事に責任を持って取り組むことで，自分自身をしっかりと評価もでき，着実に自信をつけています。

実践⑦　保育園での実習～生活デザイン科～

事業所の特色

学校より徒歩5分程度の立地環境にある，病院の敷地内の保育園です。教材準備，食器洗浄，清掃，遊びの支援や絵本の読み聞かせなどの保育補助にあたります。総合的に保育やコミュニケーションについて学ぶことができます。

1日の実習スケジュール

9:45	事前学習・オリエンテーション
10:00	学校出発
10:10	実習先到着　身支度・準備
10:15	実習開始　食器洗浄・教材準備　散歩・掃除　野外活動・製作活動　着替え補助　絵本の読み聞かせ
11:40	実習終了
11:45	退園　実習先出発
11:50	学校到着
11:55	まとめ・振り返り

【生徒主体のキャリア教育に向けた実習のポイントと手だて】
○実習前に，園長先生によるオリエンテーションを実施し，保育所の運営理念や保育の心得，コミュニケーションなどに関する講話を実施しています。
○現場の保育士のかかわりをモデルにしながら，幼児とのかかわりにおける保育士の役割や支援について，常に意識して取り組むことができます。
○園児とのかかわり方では常に周囲に留意しながら，安全に遊ぶことを意識してかかわることを，共に活動に取り組みながら助言しています。
○常に園児と同じ目線になり，優しい言葉遣いで安心できる雰囲気をつくることを心がけられるように，教職員が見本になりながら，支援するようにします。
○遊ぶ時は，笑顔で誘い，園児の歩調に合わせて行動しながら楽しい雰囲気づくりをすることを，教職員が率先して行い，助言を行っていきます。
○実習の際には，事前の目標設定や振り返りを行うようにし，目標と課題を照らし合わせながら，次回の実習の取り組みに活かしています。

【Aさんのニーズと取り組みの様子】

取り組みに対する意義や必要性を理解して，前向きに取り組むことができます。ある日の実習では，クリスマス会に向けて，リースづくりの準備に取り組みました。園児たちがつくりやすいようにと気にかけながら，見本通りにパーツを同じ形に切っています。園
児の喜ぶ姿を話題にしながら，「来週だからきっと楽しみにしていますよね。」と嬉しそうに準備をする姿は，とても活き活きしていました。

【Bさんのニーズと取り組みの様子】

Bさんは，園児とかかわる楽しさを実感しています。園児と話すときは，同じ目線までしゃがんで話すことや笑顔で語りかけることを心がけるように，意識しているようでした。一緒に手をつないで園児を砂場に誘い，トンネルづくりをした際には，「お山ができたね。上手にできたね。」と優しく言葉をかけていました。園児が安心できるように，自分なりに考えながらかかわっている様子が伝わってきます。

【Cさんのニーズと取り組みの様子】

保育士さんの指示に沿って活動を切り替え，場面に応じた対応ができます。そこで，遊びから戻り，室内で絵本の読み聞かせをしました。「もう少しはっきりと読めるとよかった。緊張したけど聞いてくれて嬉しかったです。」とCさんの感想です。園児たちの関心を
ひきつけられるようにと，自分で読み聞かせ用の絵本を探していました。

実践⑧　和食レストランでの実習～フードサービスコース～

事業所の特色

県北部を中心に展開する和食レストラン。学校から徒歩30秒，最も近い事業所です。年間プログラムを学校と立案し，開店準備・パントリー・調理補助・ホールなどの本物の飲食サービス業務を，総合的に体験することができます。

1日の実習スケジュール

9：00	事前学習
9：40	学校出発
9：50	入店 身支度・笑顔チェック
10：00	開店準備 店内外清掃 テーブルセッティング
11：00	開店 パントリー業務 調理補助 ホール業務
12：00	着替え・出発
12：10	学校到着 実習の振り返り

【生徒主体のキャリア教育に向けた実習のポイントと手だて】

○実習初日に，事業所の企業理念やサービス心得，店内ルールなどに関する講話などについて，店長によるオリエンテーションを実施しています。
○事業所におけるデュアル実習計画を，前期（仕事の基礎固め）・中期（接客）・後期（調理場における専門的作業）に分けて，楽しさ，好奇心を育むプログラムを事業所と学校で立案しています。
○実際に事業所の朝礼に参加したり，店長からの笑顔チェックを個々に受けたりすることを通して，従業員の一人としての役割を意識して取り組むことができます。
○実際にお客様を目の前に感じながらの業務なので，バックヤード，フロントヤードにおいても，必然的にお客様を意識した取り組みになります。
○主体的な実習となるように，実習前後には事前学習と振り返りを導入し，専門教科における実習にもフィードバックしやすいようにしています。

【Aさんのニーズと取り組みの様子】

　作業能力は高く，気遣いもできるのですが，人間関係づくりに不安を感じています。初めはとても緊張して，表情もこわばっていました。仕事の手際の良さや正確性など，従業員さんからの評価は高く，たくさん声をかけられ，賞賛されています。

自信をもてるようになり，次第に笑顔で従業員さんとコミュニケーションがとれるようになりました。得意な調理の技術も認められ，難しい刺身用の貝の処理まで任せられるようになりました。

【Bさんのニーズと取り組みの様子】

　将来はレストランで仕事がしたいと，夢をもっているBさん。以前から「時間を意識して行動する」ことが，自分なりの課題でしたが，どうしても時間をオーバーします。ところが，レストランでは，開店時間までに店内の清掃や準備を終えなければいけません。「開店に間に合わせないと」という気持ちが，Bさんの作業スピードを上げる姿につながります。本物のレストランで，身をもって「時間を意識する」ことの必然性を感じることができました。

【Cさんのニーズと取り組みの様子】

　自分は将来どんな仕事をしたいのか，なかなかイメージがもてないようです。はじめは従業員さんに指示されるままに業務に取り組んでいました。次第に，自分からオーダー表を見てドリンクの準備をするなど，周囲を見て自分が何をすればよいのか判断できるようになってきました。卒業後の自分の就労先のイメージが具体的になるには，もう少し時間と経験が必要ですが，「この仕事ならできるかもしれない。」と，新たな可能性を一つ見つけました。

実践 ⑨　ビルメンテナンスでの実習〜メンテナンスサービスコース〜

事業所の特色

学校より徒歩5分程度の立地環境にある，公的医療施設内の清掃業務を委託されている事業所です。床清掃を中心に，さまざまなメンテナンス用具を使用し，専門的な清掃技術を実際の業務から，体験的に学ぶことができます。

1日の実習スケジュール

9：00	事前学習
9：50	学校出発
9：55	事業所到着
10：00	あいさつ・準備 病院内清掃業務 床のメンテナンス等 ポリッシャー ワックス
11：30	片づけ・あいさつ
11：45	事業所出発
11：50	学校到着
12：00	実習の振り返り

【生徒主体のキャリア教育に向けた実習のポイントと手だて】

○生徒一人一人の働く意欲や，仕事に対する積極性を育むプログラムを事業所と学校で相談しながら立案しています。

○生徒が自分から，事業所の従業員の方に報告・連絡・相談をしたり，自分で判断して行動したりできるような場面を多く設定するようにしています。

○実際のビルメンテナンスで使用する機器を取り扱いながら，プロの専門的なメンテナンス技術や手順に触れ，学ぶことができます。

○生徒が病院関係者や施設利用者を常に感じながら業務に取り組むことで，あいさつ，言葉遣い，場面に応じた対応など「サービス」における姿勢・態度を学習できるようにしています。また，メンテナンス業務の目的や意義，必要性を実感することができます。

○実習の事前学習で目標を設定し，振り返りで目標に対する自己評価，今後の課題を生徒と一緒に確認することで，実習の取り組みを専門教科にフィードバックをしています。

【Aさんのニーズと取り組みの様子】

　事業所と学校の清掃の方法や手順が違うことに戸惑い，気持ちが不安定になることがありました。事業所の従業員の方からは，専門的な技術も大切であるが，実習中の態度や姿勢，マナーなどについて，直接アドバイスを受けました。そのことをきっかけに，「実習をしっかり取り組む」という目標を自分から設定し，課題を意識しながら取り組むようになりました。アドバイスを素直に受け入れられるようになると，作業のポイントを覚えて，スムーズに行うようになってきました。苦手な作業にも，積極的に取り組むことが増えてきました。実習最終日には，事業所の従業員の方から良い言葉かけや評価をしていただいたことで，自信をもてたようでした。自信をつけてきたことで，実習で学んだ技術を専門教科でも活かそうとする様子につながってきたようです。

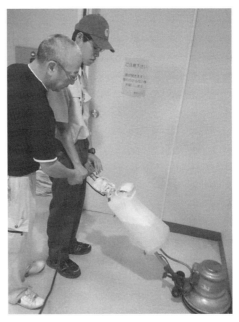

【Bさんのニーズと取り組みの様子】

　実習への意欲はありますが，指示や指導された内容を理解しないまま作業を進めて，失敗するということが続いていました。「大切なことはメモをとる」「わからないときには自分から確認する」「任された作業に責任をもつ」ということを，事業所の方と教職員とで，生徒と一緒に取り組みながらていねいに支援を行うことで，自分からメモをとったり，自分から報告・連絡・相談をしたりすることができるようになってきました。専門教科では，自分から課題を意識して取り組む様子もみられています。

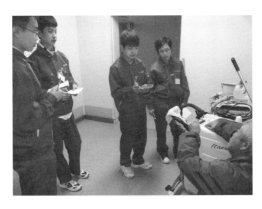

実践⑩　宅急便配達センターでの実習〜流通コース〜

事業所の特色

学校より徒歩15分の立地環境にあります。メール便の配達業務を通して，迅速に，正確に，ていねいに配達する「段取り」，お客様へのあいさつや言葉遣いなど，場面に応じた「対応」，悪天候のときや物流量の多いときの「応用」などを学ぶことができます。

1日の実習スケジュール

- 8：55　準備
- 9：00　学校発
- 9：15　事業所着
  - メール便の仕分け
    - ①番地ごとの仕分け
    - ②配達先の地図確認
    - ③配達順に整理
- 10：00　メール便の配達
  - ①配達先へ移動
  - ②宛名と表札の確認
  - ③投函時の端末操作
  - ④投函
- 11：45　事業所着　事後処理
- 12：00　学校着　振り返り

【生徒主体のキャリア教育に向けた実習のポイントと手だて】

○メール便の仕分けでは，配達先の宛名を読む人，地図にマーキングする人，配達時に地図を把握する人，台車を押す人などの役割分担しながら取り組んでいます。

○生徒が自分からスムーズに取り組めるように，配達を担当する前日に仕分けの練習をしています。

○個人のお客様，マンション管理人，事業所などのさまざまな配達先，また対面やインターホンでの応対の方法など，場面に応じたコミュニケーションが必要になります。

○メール便の投函後は，やり直しができません。端末の操作からメール便の投函までの手順の確認と徹底，お客様の立場にたった商品の取扱など「本物の仕事・サービス」として取り組むことを大切にしています。

【Aさんのニーズと取り組みの様子】

仕事内容や端末操作，手順はよく理解できていますが，自分から言葉にして伝えることは苦手で，あいさつや返事などが課題です。言葉で伝えることやあいさつなどのコミュニケーションの重要性を伝えたり，自分から言葉で伝える仕事の役割を担当するようにしたりしています。

実際のメール便の配達業務を通して，必要に応じて，言葉で伝えようとする姿が増えてきました。

【Bさんのニーズと取り組みの様子】

Bさんは積極的に仕事に取り組むことができますが，仲間の仕事の様子が気になり，自分の担当ではない仲間の仕事を行うなど，仲間との協力が課題です。自分の役割に責任をもって行うことを伝えたり，先輩の姿を手本にするよう伝えたりしています。少しずつ仲間の仕事を認め，

仲間と協力して取り組むようになってきています。

【Cさんのニーズと取り組みの様子】

商品の扱いや細かい作業には苦手意識があります。また自分でも不器用でスピードが遅いと悩んでいました。大切な商品であることを確認し合ったり，適切な取り扱い方を具体的に伝えるようにしています。自己チェックをしっかりすることが必要です。少しずつ苦手意識もなくなり，ていねいに取り扱う様子が多くなりました。

コラム　2　インターンシップ・デュアル実習編

＊＊＊＊＊＊＊＊　企業の懐の深さを知ったとき　＊＊＊＊＊＊＊

　「生徒の仕事を奪い取ってしまう先生がいらっしゃいます。」ファーストフード店でのデュアル実習のとき，企業の方からこんな言葉を投げかけられました。
　その言葉が私に向けられたものだとすぐにわかりました。私はドキッとしましたが，それは恥ずかしくもあり嬉しいことでもありました。
　本校ではデュアル実習を，「教師と共に働く実習」として定義しています。そしてその目的は「共に働く」の先にある「一人一人のキャリア発達を支える」ことです。
　生徒Aさんはハンバーガーの向きを理解することが困難でした。私はAさんに最後まで仕事を任せられず，代わりに向きを揃え，Bさんが掃除をする際には，最後まで任せず「これはこうやるんだよ」と知らず知らずのうちに仕事を奪っていました。
　当時，お店の営業に支障がないようにと考えていた私は，キャリア教育の取り組みをかえって邪魔したのだと思い返されます。生徒一人一人が現場の一員として役割を果たし，自分の存在意義を理解するにはどのようにすれば良いかを考え，一人一人がそれぞれの目標を達成することで自信となるように支援を考えなければいけませんでした。これを改めて教えてくれたのが冒頭の言葉です。
　デュアル実習にご協力いただいている会社，店舗，施設の方々は，本校のデュアル実習の目的を理解した上で，生徒一人一人にとって有意義な実習となるように心がけてくださっているのだと感じました。
　「時間がかかっても大丈夫」「自分らしいやり方で大丈夫」
　そのような声が実習先では聞こえてきます。企業の方々は本当に懐が深いなぁと頭が下がります。
　私はこれから，生徒一人一人が自分らしさを最大限に発揮できるように支援し，企業の方々と生徒の懸け橋になりたいと思います。

＊＊＊＊＊＊＊＊＊＊＊ デュアル実習 ＊＊＊＊＊＊＊＊＊＊＊＊
〜教師の支援あれこれ〜

　実習先によっては，なかなか過酷な条件で頑張っているデュアル実習。そんなデュアル実習の1コマに焦点を当ててお話ししたいと思います。

　某クリーニング系の実習はとてもハードです。作業内容はとてもわかりやすく，洗濯前の汚れた服を表示サイズごとに分別して，所定のカゴに入れていきます。サイズはFとSS〜Lの5種類。男女それぞれとタオルもあるので，全部で11個のカゴを用意してスタート。後は終わるまで延々と「男F」とか，「女L」とかいいながらカゴに入れ続けます。ふだんは車庫に使っている場所で行うので，吹きっさらしの屋根の下。直射日光は防げますが，それでも，雨の日も，風の日も。暑い夏の日も，寒い冬の日にも黙々と続ける作業は，冷房や暖房に慣れきった現代っ子にはこたえます。使用した衣服の仕分けなので，タオルや服は湿ったものも多く，特に夏場はにおいもかなり…というときもあります。生徒たちも「素手で触るのは…」とか「においで気持ち悪くなりそう…」と言ってくるときもあります。

　デュアル実習は教職員も一緒に働きます。同じ作業を黙々と続けるのは難しいと実感しました。過酷な条件でも生徒たちのやる気や集中力をより長く持続させる方法はないものでしょうか…？

　私がこの実習先で行っているのが「なかなか出てこないサイズが出たら喜ぶこと」です。服のサイズはFが多く，次にL。逆にSやSSはほとんど出てきません（大人が着れるサイズではないですので…）。そこでSやSSが出てきたときは「おっ，Sが出た！」とか「やったー，SSだ。珍しい！」とか喜ぶ姿を見せると，生徒たちも意欲が出てきて，気をつけながら取り組むようになります。見つけたときには「先生！S出たよ」等と報告してくれるようになりました。

　もちろん，全ての生徒が乗ってくれるわけではありませんが，こんなちょっとしたやりとりを仕事の中に入れることも，集中力の持続や意欲喚起につながる方法の一つだと思います。

　ハードな環境の下だからこそ「楽な仕事はない」ということを実感するにはとても良い実習です。「働いて生きていくって大変なんだ」ということが少しでも生徒たちに伝わってくれれば，この実習が生きたものになると思います。ですが，つらいばかりではなく，その中に楽しみを見つけながら取り組めることは長く仕事を続けていくことにもつながる，とても重要なことではないでしょうか？

第2節　第2学年のデュアルシステム

第2学年デュアルシステムの概要

【第2学年の主なねらい（自己選択期）】
　生徒一人一人が「夢プラン（生徒版キャリアプラン）」をもとに課題設定し，自分自身で実習事業所を選択して，継続的に実習に取り組んでいきます。自己選択，勤労観・職業観の形成，主体的に取り組む態度，自己によるキャリア形成などを主なねらいとして，生徒自身による振り返り，自己評価を大切にした実習を実践していきます。

> 〇デュアル実習事業所の選定において，キャリアガイダンス等を通して，自己選択を進める。
> 〇継続的な取り組みを通して，職業観（職業に対する理解など）や勤労観（労働に対する意義・価値など）を高める。
> 〇自身のニーズや目標・課題の達成に向けて，主体的に取り組む態度や自身の課題を解決する力を育成する。
> 〇仲間や教職員と取り組む中で，社会形成能力（チームワーク・リーダーシップなど）を育成する。

【デュアル実習日程計画】

学科	生徒数	生徒数
園芸技術 流通サービス	24 24	水：4事業所 金：4事業所

	月	火	水	木	金
AM			■		■
PM			■		■

学科	生徒数	生徒数
工業技術 生活デザイン	24 24	火：4事業所 木：4事業所

	月	火	水	木	金
AM		■		■	
PM		■		■	

■ ※実習日

具体的なデュアル実習の日程計画は，第2学年については週日課表の専門教科実施日に合わせて，プランニングしていきます。第1学年では，基本的には専門教科は午前中のみの週日課編成ですが，第2学年になると1日専門教科実施日が設定されています。各学科・コースごとに，1日専門教科実施日が週2日間設定されていますので，その日程を活用してデュアル実習を実施しています。つまり，デュアル実習は第2学年では登校後から下校前まで，1日を通した実習を実施することになります。上記の通り，園芸技術科と流通サービス科は水・木曜日，工業技術科と生活デザイン科は火・木曜日に実施しています。各実習先の事業所の状況にもよりますが，基本的には各事業所ごとに，実習生徒2～3名と教職員1名のユニットで実習を実施しています。

＜（例）実習日程計画表＞

【デュアル実習パートナーシップ事業所】

　第2学年では，自己選択をキーワードに生徒たちがデュアル実習事業所を選択して，生徒個々の教育的ニーズに合わせて，主体的に実習に取り組むことを大切にいきます。第1学年から，デュアル実習やインターンシップを経験してきた生徒たちは着実に現在のキャリアが積み上げられ，自己を客観的に理解し，自分で課題や目標を設定することができるようになりつつあります。そのためには，生徒の多様なニーズに対応できるように，さまざまな業種やいろいろな業務のある事業所を設定する必要があります。現在では，第2学年のデュアル実習先として8事業所を選定し，生徒たちが自分自身の教育的ニーズに合わせて選択した実習先で，年間を通じて実習を長期的・継続的に取り組んでいます。

学科	実習先企業・業種	主な業務内容
第2学年 園芸技術科 工業技術科 生活デザイン科 流通サービス科	物流センター（貨物運送業）	倉庫内作業
	保育園（児童福祉事業）	保育補助 給食製造補助・洗浄
	介護老人保健施設（老人福祉・介護）	ベッドメイキング 施設内メンテナンス
	レストラン（飲食サービス業）	店内外清掃・開店準備 調理補助・接客
	ハンバーガー店（飲食サービス業）	店内外清掃・調理補助
	コンビニエンスストア（飲食料品小売業）	商品整理等
	給食センター（配達飲食サービス業）	盛り付け・洗浄作業等
	ドラッグストア（医薬品等小売業）	商品整理等

＜第2学年デュアル実習パートナーシップ企業一覧＞　　＜（例）デュアル実習計画＞

千葉県立特別支援学校　市川大野高等学園

デュアルシステム

＜実習スケジュール＞（予定）

10:00　ベッドメイキング（4階療養棟）
12:00　休憩
13:00　入浴セット作成（2階療養棟）
14:00　ポータブルトイレ掃除（2階療養棟）

その他可能な業務
・トイレ環境整備及び消毒
・クリーニング衣類整理
・昼食配膳準備、テーブル清拭、お茶とオシボリ準備
・昼食下膳（食事量チェック）片付け、テーブル清拭
・レクリエーション補助
・おやつ、お茶準備
・廊下環境整備
・10時のお茶の準備、片付け（カップ洗い）
・氷割り掃除
・加湿器のフィルター清掃
・居室の環境整備（寝具の整頓、周囲のほこりはらい、ポータブルトイレ掃除消毒。）

【夢プラン（生徒版キャリアプラン）によるカウンセリングと実習先選択】

　第2学年では，デュアル実習先選択に向けて，「夢プラン（生徒版キャリアプラン）」を活用し，キャリアカウンセリングを行うようにしています。生徒たちのキャリア形成における自己選択を大切にしながら，生徒の教育的ニーズを共有することを願っています。まずは，自身の夢や願いをもとに自己評価を行い，現在の自分の自己分析（キャリアアセスメント）を行うようにします。次に，自分の社会的・職業的自立に向けた現在の課題を設定していきます。今の課題をみつけ，自身の目標として設定できるようになることは，課題解決するための基礎になります。大切なことは，生徒が主体となってプランを作成することです。そのための手だてとして，担任を中心にキャリアカウンセリングを行っていきます。生徒の教育的ニーズに合わせた，生徒自身によるキャリア形成，課題解決のためのキャリアカウンセリングです。主に，総合的な学習の時間や学級の時間を活用して，専門教科などと連動した教育的ニーズに合わせて，デュアル実習先を生徒と共に考えながら，自己選択していくようにします。

< 「夢プラン（生徒版キャリアプラン）」 >

【生徒主体のPDCAサイクルによる実習】

　第2学年では，生徒個々の教育的ニーズに合わせて実習先を自己選択して，デュアル実習に継続に取り組んでいきます。その中で生徒が自分の課題や目標に合わせて，主体的に実習に取り組む姿を願います。大切にしているのは，実習前の目標設定と，実習後の振り返りです。実習前には，場を設定したり，または出勤途中の時間を活用したりして，今日の目標を自分自身で設定します。その際に，教職員主導で生徒に目標を提示することをできるだけ避けるようにしていきます。生徒が自分自身で課題や目標を設定して実習に取り組んでいくことが，主体的なキャリア形成には必要であると考えているからです。そのためのツールとして，全員が実習の際にデュアルメモを活用します。実習後には，自己評価を行い，本時の実習を振り返るようにします。生徒が自分自身の取り組みとして，このPDCAサイクルによる実習を積み重ねることが，生徒主体のキャリア形成には必要です。そして，将来の社会生活に必ず活きていくことを願っています。

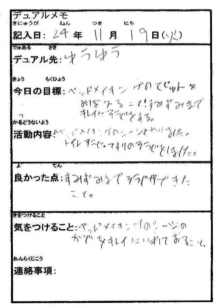

<デュアルメモ>

実践 ①　ファーストフードでの実習

事業所の特色

日本全国，世界各国でも人気のあるファーストフード店。学校から徒歩30分の立地環境にあります。24時間営業で，小さなお子様から家族連れまで幅広い年齢層の方々に親しまれているお店です。実習プログラムを，本社，店舗の方々と相談し，清掃，調理補助，接客など本物の飲食サービス業務を体験することができます。

1日の実習スケジュール

9：00	事前学習，前回の課題の確認
9：15	学校出発＜徒歩＞
9：45	事業所着あいさつ・着替え・身支度・健康チェック・手洗い
10：00	テーブル・イス拭き サンキューBOX点検 厨房の掃き・拭き清掃 サニタリーバケツ交換 店舗屋外・駐車場清掃 バンズのトースト 昼食
14：30	着替え・出発
15：15	学校到着 実習の振り返り

【生徒主体のキャリア教育に向けた実習のポイントと手だて】

○実習初日に，事業所の方より会社の経営理念や飲食業・接客業として大切とされることをお話していただき業務への意識を高めます。

○食の安全のために，まずは自分自身の健康管理，衛生管理の大切さを学び，実習に取り組みます。

○店舗の方と常にコミュニケーションをとりながらの作業となるため，「報告」「連絡」「相談」の力が身につきます。

○ホールでの清掃は目の前にお客様がいるため，店舗の一員として意識を高くもつ必要があります。実際の仕事を体験的に学習できます。

○実習前後には今日の目標，今後の課題を生徒と共に確認します。

【Aさんのニーズと取り組みの様子】

実習前にとても緊張していたAさん。本社の方よりオリエンテーションの際に「一人のちょっとしたミスが日本全国・世界各国のお店までに影響を与えてしまうこともあり得る。特に衛生面やお客様への対応には十分に気をつけてください。」とのお話しがあり、仕事に対する意識が高まっていました。毎回仕事に入る前に、社員の方に健康チェックを受けます。暗記が少し苦手なAさんですが、チェック時

の、長いフレーズも、事前にデュアルメモで確認・暗記をすることで大きな声でチェックを受けることができました。厨房の清掃では事業所の方の手本を見てモップを8の字に動かすことができるようになりました。これからの課題は、「ていねいかつスピーディー」に作業することです。

【Bさんのニーズと取り組みの様子】

「事業所の方の話をしっかり聞く。事業所の方に迷惑をかけない。」この2点を目標にデュアル実習に取り組むBさん。以前のインターンシップでは飲食店での調理補助を経験し、デュアル実習では「接客の仕事をしてみたい」と自主的に選択することができました。右手が少し不自由なBさんはハンバーガーのバンズを焼く作業で、事業所の方の説明を真剣に聞き、作業が効率よくできるように、自分なりに工夫して取り組む姿がみられました。モップを持ってのキッチン清掃のときは、作業中の人の近くを通るときに安全上、「後ろ失礼します。」などの声をかけることになっていますが、まだ大きな声で伝えることができず、はっきり伝えていくことがこれからの課題です。

実践 ②　物流倉庫での実習

事業所の特色

　デュアル実習先では一番遠く，学校から徒歩と電車で1時間程の立地環境にあります。日本全国から届く宅急便を千葉県北西部を中心とした営業所へ仕分けを主に行うベースです。重いダンボールを運んだり，ベルトコンベアー上の荷物の伝票を見たり，間違わないように仕分けを行います。

1日の実習スケジュール

```
8:30   準備，学校発
8:56   市川大野駅
       武蔵野線乗車
9:09   南船橋駅下車
9:30   事業所着
       あいさつ・着替え・
       安全靴，ヘルメット，
       アキレス腱ガード
借用
       研修ビデオ視聴
       荷物の流し
       荷物の仕分け
       メール便の仕分け
       昼食
14:00  着替え，出発
15:00  学校着　振り返り
```

【生徒主体のキャリア教育に向けた実習のポイントと手だて】

○実習初日に，社員の方よりオリエンテーションを開いていただき，研修用のビデオを見ながら，仕事内容，安全，身だしなみ，荷物の取り扱いなどについて，仕事の基礎を学びます。

○社員の方と，報告・連絡・相談を確認しながら進めることでコミュニケーション力が身につきます。

○多くの荷物を運び続ける「体力」，割れ物などを慎重に扱う「集中力」，送り状を見て荷物を宛先毎に間違わずに仕分けする「正確性」，さまざまな力が必要とされる仕事です。

○安全第一で作業を進めるために，事業所より安全靴や，ヘルメットなどをお借りし，身支度の大切さを実際に働きながら体験的に学習します。

○実習後には毎回，社員の方より課題についてお話しをいただきます。

【Aさんのニーズと取り組みの様子】

　事業所まで1時間かかるため、実習の日は朝の会や掃除には参加せずに、登校後すぐに出発となります。前日までは「あいさつをしっかりする」と意気込んでいましたが、実習日を忘れて遅刻することがありました。その後は予定表を自分で見ながら、自分の実習日を確認し、時間通りに出発できるようになりました。コンテナに積まれた荷物をベルトコンベアーに移す作業では重い物も多くあり、お米や、ゴルフバックなどは持ち方にコツがあります。社員の方が何度も教えてくださいましたが、なかなか同じように持つことが難しかったです。重いものを運ぶ際の身体の使い方や、荷物の持ち方のコツをつかむことが今後の課題です。

【Bさんのニーズと取り組みの様子】

　「デュアル実習を通してスピード力を身につけたい」と目標にしたBさん。自ら、自分の苦手なことにあえてチャレンジして課題を克服したいとはりきっていました。仕事が始まると、てきぱきと重い荷物を次々とベルトコンベアーに載せることができました。スピードを意識して取り組むことはできていましたが、ていねいさに欠けるところがみられます。事業所の方より、荷物を頼んだお客様、荷物が届くお客様の顔をイメージして大切に荷物を扱うことを教えていただきました。力仕事ではありますが、心も大事とされるお仕事です。これからは、スピードを意識することと、真心をこめて荷物を運ぶことを課題に取り組んでほしいです。

実践③　保育園での実習

事業所の特色

学校から徒歩30分の隣町に位置する保育園。0歳児から6歳までの園児約70名が在籍している。園舎は2階建ての建物で、園庭も広く、毎日園児たちが元気に遊びまわっているのが見受けられます。実習プログラムを、園長先生、保育士、調理師の方々と相談し、保育補助、教材準備、調理補助など保育園での業務を体験することができます。

1日の実習スケジュール

9：00	事前学習、前回の課題・反省の確認
9：15	学校出発
9：45	事業所着　あいさつ・着替え
10：00	保育補助　教材準備　園内外の清掃　調理補助・食器洗い　調理場の清掃　昼食
14：30	着替え・出発
15：15	学校到着　実習の振り返り

【生徒主体のキャリア教育に向けた実習のポイントと手だて】

○オリエンテーションでは、園長先生、保育士の方より、園児とふれあう際の注意点や、園で大切にしていることなどをお話していただきました。

○自分たちより小さな園児と関わることで、相手の立場になって物事を考えたり行動できるようになったりすることも期待できます。

○調理場では食の安全、栄養、衛生面などに関して、実践的に学習できます。

○実習前に希望をとり、保育補助2名、調理補助1名の計3名で毎回実施。

○昼食は調理補助の生徒が作っている給食を、園児と一緒に食べます。

○実習前後には今日の目標、今後の課題を生徒と共に確認し、次回の実習につながるようにします。

【Aさんのニーズと取り組みの様子】

「小さい子が好き。将来保育園で働きたい」と考えているAさん。実習先を決める際にも本人の強い希望で保育園を選択しました。家でも小さな弟の面倒をよくみるというAさん、さすが実習初日から園児とも目線を合わせ対応することができていました。しかし、保育士の仕事内容は園児と関わることだけでなく、さまざまな仕事があるとわかりました。朝の落ち葉拾いから、教材作り、清掃と、園児と直接関わらない仕事がたくさんあると知りました。清掃の仕事では保育士の方より、「きれいにすることだけが大切なだけでなく、園児の安全のためでもあること」を学び、清掃に対する思いも変わり、今まで以上に力も入り取り組めるようになりました。

【Bさんのニーズと取り組みの様子】

「子どもが好き、調理も好き」というBさん。将来は飲食店で働きたいと考えています。そんなBさん、とても楽しみに保育園の調理場での実習の日を迎えました。ところが、調理場で働くということへの意識が、あまり高くなかったようです。調理師さんからは、調理場で働くための準備や身だしなみなどについて、いろいろなアドバイスをいただきました。その場で爪を切ったり、身だしなみを整えたりして、再度実習に臨みました。現場の調理師さんからの日々のアドバイスで、調理に関わることへの意識が高まっているように思います。卒業後の社会生活で活躍できるように、失敗を次につなげながら、一歩ずつ前に進んでいってほしいと思います。

実践④　飲食店での実習

事業所の特色

学校から徒歩5分の場所に位置するとんかつ専門店。午前11時から午後10時30分まで営業。幅広い年齢層のお客様でいつもお店は賑わってます。学園祭のときには「かつサンド」を提供していただきますが、毎年行列ができあっという間に完売する美味しさです。お茶出し、食器洗浄、調理補助、店内外清掃と飲食店での業務全般を体験的に学習できます。

1日の実習スケジュール

- 9：00　事前学習, 前回の課題・反省の確認
- 9：30　学校出発
- 9：45　事業所着 あいさつ・着替え
- 10：00　朝礼 店内外清掃 お茶出し 食器洗浄 調理補助 昼食
- 15：00　着替え・出発
- 15：15　学校到着 実習の振り返り

【生徒主体のキャリア教育に向けた実習のポイントと手だて】

○オリエンテーションでは，店長より店舗で大切にされていることを中心にお話していただく。①元気なあいさつ②働く意欲③身だしなみ

○接客業ということで，常にお客様を意識すること。実習初日にはまず，外に出て駐車場で，正しい姿勢，歩き方，大きな声でのあいさつ等の練習からはじまりました。

○飲食業ということもあり，食への安全，衛生面に関しても細かく教えていただき学ぶことができます。一番の忙しい時間はお昼時になるので実習中は生徒も昼食時間は遅くなります。

○実習前後には今日の目標，今後の課題を生徒と共に確認します。

【Aさんのニーズと取り組みの様子】

「将来飲食業で働きたい」と考えているAさん。普段から学校でも明るく元気なあいさつが印象的です。実習中も店長より「元気なあいさつだね」と褒めてもらいました。しかし、社会で働く大変さを身をもって感じる場面も多々みられました。今まで自分が正しいと思ってきたやり方でも、働く場所によっては変わってくるということです。あいさつの仕方、気をつけの仕方、歩き方、お茶の出し方、声のかけ方、掃除の仕方…と、お店のルール、決まりがあるのです。働く場所によって、そこでのルールを知り、守らなければならない大切さを学ぶことができました。

【Bさんのニーズと取り組みの様子】

「人前ではいつも緊張してしまうので克服したい」と実習前から意欲をみせていたBさん。はじめの自己紹介のときには、まだ緊張がほぐれず声が震えていました。実習がはじまると、駐車場の端まで行ってしまった店長が「ここまで声が届くように思いっきり声を出してごらん」と言いました。何度も何度も練習しているうちに、いつの間にか緊張も吹っ飛び大きな声も出せるようになってました。さすが店長、これまで何人もの従業員の方を育ててきた経験は違いますね。店舗に戻り食器洗浄の作業に入っても、駐車場での声だしの成果はあり、厨房の中からでも、ホールのお客様のところへ感謝の声は響いていました。

実践⑤　介護老人保健施設での実習

事業所の特色

学校の目の前，徒歩3分のところに位置する介護老人保健施設。平成10年に開設された市川市で最も古い老人保健施設です。入所者約150名，通所者約20名のお年寄りの方が利用されています。実習プログラムを看護師長を中心に相談し，ベッドメーキング，ポータブルトイレの清掃，レクリエーション補助などの業務を体験することができます。

1日の実習スケジュール

9：00	事前学習・前回の課題・反省の確認
9：45	学校出発
9：50	事業所着　あいさつ・着替え
10：00	ベッドメーキング　ポータブルトイレ清掃・館内清掃・レクリエーション補助　昼食
15：00	着替え・出発
15：15	学校到着　実習の振り返り

【生徒主体のキャリア教育に向けた実習のポイントと手だて】

○オリエンテーションでは，看護師長が老人保健施設の概要や，お年寄りの方と接するときの注意点などを中心にお話してくださいました。

○実習へ行く前から準備や心構えが始まり，健康診断書の提出，利用者の方に怪我をさせないように通常のネームプレートをつけずに，エプロンに布で縫い付けたり，インフルエンザの予防接種をしたりと免疫力の弱いお年寄りがいる施設に菌を持ち込まないよう日常生活から注意が必要です。

○実際の利用者の居室を清掃させていただくことにより，マニュアル通りに行う大切さのほかに，一人一人に応じた対応力も必要とされます。

○実習前後には今日の目標，今後の課題を生徒と共に確認します。

【Aさんのニーズと取り組みの様子】

　学校ではリーダーシップを発揮し，誰とでも仲が良いAさん。「人とかかわることが好き」と介護老人保健施設での実習を希望しました。「ベッドメーキングのときに呼吸を合わせ，シーツにシワがないように敷く」いう目標を立てました。シーツの端と端を持ち，お互いに声をかけ合いながら協力して作業に取り組みました。しかし，大きなシーツをベッドの中心に合わせて敷くことは難しく，なかなか自分の思い通りにいかず，2人の息が合わないと，途中でイライラすることがありました。どんな仕事でもコミュニケーション，チームワークが大切なことを改めて知ることができた実習となりました。

【Bさんのニーズと取り組みの様子】

　「ていねいにベッドメーキングを行う」と実習の目標を立てたBさん。当日も出発前に学校でベッドメーキングの練習をしてから施設へ向う念の入れようでした。やる気充分のBさんは，早くベッドメーキングをやりたいという気持ちが先立ち，職員の方の説明の最中に，作業を始めました。一人一人に応じたベッドを作るためには，作業を始める前に柵の位置を覚えておくことが大切です。足元に柵があった方が良い人，頭側に柵があった方が良い人など，一人一人異なることがわかってからは，ポイントをメモしてから取り組むようになりました。技術だけでなく，快適に過ごしてもらうための職員の方の心遣いを学びました。

実践⑥　ドラッグストアーでの実習

事業所の特色

鎌ヶ谷市に本社があり，千葉県・東京都を中心に200店舗近くあるドラッグストアです。学校から徒歩20分，駅前立地にて，年中無休で営業しています。医薬品に加え，日用品から食品，化粧品に至るまでさまざまな商品を取り扱っています。

1日の実習スケジュール

9：00	事前学習
9：15	学校出発
9：45	事業所着 あいさつ・着替え・身支度
10：00	朝礼 開店準備 店舗内外の清掃 商品の陳列 昼食
14：30	終礼・着替え・出発
15：15	学校到着 実習の振り返り

【生徒主体のキャリア教育に向けた実習のポイントと手だて】
〇実習初日に，事業所の方より会社の経営理念や，「接客10大用語」「明るい接客5つのポイント」など，店舗で大事にされていることを中心にオリエンテーションを実施して，業務内容，接客のルールの理解を深めます。
〇店舗での商品陳列，店内外の清掃などに取り組むことで，小売業での仕事を体験的に学ぶことができます。
〇お客様が常に目の前にいる状態での作業になり，「あいさつ」「接客対応」の力が継続して学習できます。
〇休憩時の事務室の使用ルールや，鍵の管理，休憩に入る際の専門用語であったり守るべきルールがたくさんあります。退勤時には社員の方にカバンの中身を見せ，商品などが誤って入っていないかチェックを受けます。
〇実習前後には今日の目標，今後の課題を生徒と共に確認します。

第2節　第2学年のデュアルシステムの概要

【Aさんのニーズと取り組みの様子】

「将来，接客業で働きたい」と希望しているAさん。普段の学校生活でも元気なあいさつがとても印象的ですが，実習中でもお客様に対して積極的に自分からあいさつを行っています。オリエンテーションときに事業所の方から教えていただいた店舗での「接客10大用語」も自分のメモ帳にすぐに貼り付け，実習前には予習をして覚えてくる意識の高さがみられました。商品の陳列業務の際には，お客様への意識を忘れ商品のバーコードを確認することに夢中になり，周りがみえなくなることがあります。作業に集中しつつも，常にお客様への意識を忘れないで取り組めるように接客することが今後の課題です。

【Bさんのニーズと取り組みの様子】

学校ではおとなしい感じのBさん。そんなBさんが実習初日から，オープン前の店先で掃き掃除をしながら，道行く人へ元気なあいさつをしていました。その顔も活き活きとした表情で取り組む姿は輝いていました。自分で課題をもって，自分で選んだデュアル実習先。ここでみられた働く意欲は，学校の授業でみる意欲とは違い，Bさんの新たな一面を発見しました。商品の前出しの説明を聞く際にも，事業所の方の話を真剣に聞き，指示通りに間違えずに取り組みました。自分で設定した今後の目標は「素早く陳列をする」ことです。

第1部 「市川大野高等学園版デュアルシステム」の理論と実践　第2章　デュアルシステムの実践

実践 ⑦　給食センターでの実習

事業所の特色

学校から徒歩30分の場所にある鎌ヶ谷市内の給食センターです。本校の教職員の昼食を含め近隣のオフィスや学校などに仕出し弁当を製造・配達する会社です。約25名の従業員の方が，朝3時から仕込みを始め，約1500食の盛り付け配達を行っています。

1日の実習スケジュール

9：00　事前学習　弁当注文
9：15　学校出発
9：45　事業所着
　　　　あいさつ・着替え・
　　　　身支度
10：00　残飯・ゴミの仕分け
　　　　食器洗浄
　　　　食器みがき
　　　　食器拭き
　　　　昼食
14：30　着替え・出発
15：15　学校到着
　　　　実習の振り返り

【生徒主体のキャリア教育に向けた実習のポイントと手だて】

○実習初日に，事業所の方より給食センターで大切にしていること，食の安全について，お話していただきます。食品を扱うので全員検便を実施。

○衛生面の諸注意を受け，実習を行うにあたり気をつけなければならないことや，更衣室・休憩場所などの使い方の説明をしていただき，社会でのルールを守る大切さも学ぶことができます。

○社員の方が着ているものと同じ白衣やエプロン，長靴などをお借りして，身だしなみを整え，給食センターの一員として意識を高め実習に臨みます。

○前日の弁当箱の残飯処理・ゴミの分別が主な作業になります。決してきれいな仕事ではありませんが，その中で働くことの大切さを実際に体験します。

○実習前後には今日の目標，今後の課題を生徒と共に確認して，次回の実習と専門教科へつながるようにしています。

【Aさんのニーズと取り組みの様子】

人前ではあまり大きな声であいさつができないことがあったり、恥ずかしがることがありましたが、「元気なあいさつ」「丁寧に作業する」ことを実習での目標とし取り組めました。初めての作業に最初は戸惑うこともありましたが、事業所の方の説明を真剣に聞き仕事を覚えようとする姿勢が見られました。まだ、説明の最中や話の途中に、最後ま

で話しを聞かず進めるところが今後の課題でもあります。作業スピードは日々速くなり、「実習に来てくれると早く仕事が終わって助かるわ」と褒めていただきとてもうれしそうでした。

【Bさんのニーズと取り組みの様子】

「仕事内容を早く覚える」ことを目標に実習に取り組みました。知らない人が食べた後の弁当箱を洗う作業に、初めは驚きを隠せない様子がみられました。決してきれいな仕事とは言えない作業ですが、事業所の方の説明が始まると、顔つきも変わり集中して作業に取り組むことができました。慣れてくると、配達のトラックが作業場に到着すると、自主的に弁当箱を運び出す姿も見られる

ようになりました。寒い中での屋外での作業でも、弱音を吐かずもくもくと働く姿も見られ、作業速度もみるみるうちに上がり、本人も「この仕事が楽しくなってきた。もっとやりたいです」とやりがいを感じるようにまでなってきました。

実践⑧ コンビニエンスストアでの実習

事業所の特色

　日本全国に展開するコンビニエンスストアです。学校から徒歩約10分の場所にある事業所で，24時間営業のお店です。実習プログラムを学校と店舗で生徒の実態に合わせてできることを話し合い，朝礼，フロア清掃，商品の陳列，フェイスアップ，レジ補助などの業務を，総合的に体験することができます。

1日の実習スケジュール

9：00	事前学習
9：05	学校出発
9：15	入店
	着替え・身支度
	チェック・朝礼
10：00	商品陳列
	店内外清掃
	在庫確認
	レジ補助
	トイレ清掃
	買い物カゴ清掃
	昼食
15：00	着替え・出発
15：15	学校到着
	実習の振り返り

【生徒主体のキャリア教育に向けた実習のポイントと手だて】

○実習初日に，事業所の方に来校していただき，「接客六大用語」や会社の「誓いの言葉」を教えていただき，接客の基本を学びます。

○社員の方と同じユニフォームを着ることにより，お客様からは社員の方と同じように見られることを意識して取り組めます。

○実際に事業所の朝礼に参加し，一日の業務の確認，声だしなどを行い，業務に入る意識を高め実習スタートすることができます。

○常にお客様を目の前にしながらの業務なので，周りに気を配り，目の前の仕事をしながらでもお客様を意識した取り組みが必要となります。

○実習前後には今日の目標，今後の課題を生徒と共に確認して，次回の実習と専門教科へつながるようにしています。

【Aさんのニーズと取り組みの様子】

　少し恥ずかしがりやで，人前では緊張するところがあります。はじめは，朝礼での声だしや，お客様来店時の「いらっしゃいませ」のあいさつが難しかったですが，次第に社員の方や仲間の後に続き，声が出るようになるようになりました。このことで，自信がつき，今では得意な商品のフェイスアップや，フロア清掃を行いながらでも，周りを気にかけながら，笑顔で接客できるようになりました。

【Bさんのニーズと取り組みの様子】

　「将来は接客の仕事がしたい」と強い思いをもって取り組むBさん。「お客様に喜んでもらう。お客様に失礼のないように」という目標を立て，意識して実習に取り組むことができました。指示されたことを的確に行う力はあるので，臨機応変に対応することが課題でした。レジでの袋詰めは，商品の種類，大きさ，量によって，袋の大きさや種類が異なってくることに苦戦していました。大切なのは，「自分がお客様だったらどうしてもらいたいですか」と社員の方にアドバイスをいただいたことで，スムーズ，かつ，ていねいに袋詰めや接客ができるようになりました。

笑顔輝く学校生活編

＊＊＊ 生徒の良さを最大限に引き出すために ＊＊＊
－専門教科の様子から－

① 「私がやります。」 ～生徒の主体性を大切に～

　　ある日，専門教科の朝礼で班長は不在。そんなとき，「消極的な生徒かな。」と思っていた２年の生徒が自ら班長の代わりにやりますと名乗り出ました。「あの人が…」という雰囲気がありましたが，彼は大きな声で挨拶をしました。自ら進んでやるのは，勇気がいることであり，なかなか難しいことです。だからこそ，私は教師として生徒がやりたい，やろうとすることに気付いて，受け止められるようにならなければと思います。

② 「丁寧な作業と責任」 ～生徒の良さに磨きをかける～

　　ある生徒は木工コースで製作している踏み台のワックスがけの作業で，１台につき１５分で終わる作業に３０分くらいかけます。そしてかけ残しがないか入念に確認しています。
　　最初の頃，私はスピードを求め続けましたが，彼はそれでも丁寧に行い，製品を自分の目で最後まで確認します。実際，かけ終えた製品は文句なしの仕上がり。『ていねいな作業と責任』が彼の良いところであり，磨きをかけたいと思わせる一コマでした。目標設定をする上で生徒の良さを見つけ，強みに変えることが，生徒の自信につながるのではないかと思います。

③ 「一生懸命さ」 ～高い意欲を持続する～

　　誰よりも早く木工実習室に入って，木材やたくさんの機械を見ている生徒がいます。任された作業を一心不乱に取り組む生徒もいます。このような高い意欲をもった生徒がいることに驚かされます。それ一時的なものではなく，長期にわたってその姿勢を保ち続けることが働く力につなげていく上で重要であり，指導・支援に力を入れたいところであると考えます。

　本校の専門教科の指導は，生徒一人一人が役割を持ち，責任の重大さを感じ，意欲に結び付け，最終的には職業的自立に結びつける，ここが専門教科の本来の目的でもあると考えています。今後も生徒一人一人が「なくてはならない存在」であるという自己有用感を感じられるような専門教科のあり方について問い続けていきたいと思います。

第Ⅱ部 生徒一人一人のキャリア発達を大切にした学校づくり

～専門教科とデュアルシステムの両輪でキャリア教育を推進していく～

　第Ⅱ部では，9コースの職業を主とする専門教科（以下　専門教科）の3年間の取り組みについて整理をしました。

　開校当初，各コースではどのように授業づくりを行うか，手探り状態から始まりました。スタート時にあたって，よりどころになったのはめざす学校像でした。どのような学校をつくるかはどのように授業をつくるかと直結していると考え，2つのことを押さえて授業づくりにあたりました。

　　第1は，めざす学校像から「本物のものづくり」「本物のサービス」をめざしていくことです。「質の高い製品(サービス)で社会とつながる」が各コース共通の合い言葉になっていました。

　第2は，「生徒と共に働く」ということです。教職員は単に生徒の手本となるという意味合いだけでなく，共に働くことを通して，生徒の主体性や職業観・勤労観を育んでいきたいと考えています。キャリア発達を支えるために大切だとわかった「役割がわかる」「活動の意義がわかる」「なくてはならない存在と気づく」の3つのキーワードを軸にした授業実践を紹介します。9コースそれぞれの独自性を活かしながら，「コースの概要」「特徴的な取り組み」「3年間を振り返って」の構成でまとめました。

第Ⅱ部 第1章 職業学科・コースの取り組み
第1節 園芸技術科
（1）農業コース

1 コースの概要

　本コースは，1年生男子12名・2年生男子11名・女子1名，3年生男子11名の計35名で構成されています。3年生はリーダーとしての自覚や態度を身につけ，班をリードしています。2年生は，暑い日も寒い日も，力仕事に一生懸命取り組み，カマやクワなどの道具も安全に取り扱うことができます。そして2年生が1年生の手本となることや，米づくりなど2年生独自の取り組みもあり，責任感をもつことができるようになりました。1年生は先輩を見習い，目標を意識して取り組むことができるようになりました。製品の仕上がりという点においては，販売活動を通して，お客様に喜んでいただける製品，お金をいただくことに値する製品を作ろうと取り組むことができるようになってきました。また，どんな天候であっても，共に活動する仲間に対して，思いやりをもって行動したり，良いと思えることを自分たちで判断したり，集団で実行できたりする生徒が増えてきました。全体的には，野菜を作って販売し，地域の方から喜ばれ，「自分たちで作った野菜がお客様に喜ばれている。」「販売会ではいつも完売する。」という自信から「自分の役割を果たしながら，社会の中で働く」という力が育っていると言えます。3年生は，開校初年度から，学校作りの土台を作るという大事業を成し得た自覚から，自信をもち，どんな困難にも負けないというチャレンジ精神を身に付け，課題についても謙虚に受け止める姿勢があります。

　本コースでは，農作物の栽培などを通して本物の働く力・生きる力を育てるため，将来的に社会人としての自覚と職業的自立をもって行動できることを目標としています。働く生活に必要な基礎・基本を育み，様々な場面で主体的に活動でき，豊かな生活を送ることができる人材を育てるように指導したいと考えています。

2 コースの目標

・野菜，米等の栽培や食品加工に関する知識と技能を習得し，職業自立に必要な実践的な態度を養う。
・等級「秀」の野菜づくりをめざし，販売活動を通じて働くことの意欲を高める。

3 年間指導計画

月	4	5	6	7	8	9	10	11	12	1	2	3
1年												
2年	春・夏野菜の栽培		野菜の収穫・販売 販売会に向けて		秋・冬野菜の栽培		学園祭に向けて	秋・冬野菜の栽培		販売会に向けて	春野菜の栽培	
3年												

【風に負けないように土寄せ】

【ねぎは冬期の主力製品】

【水耕栽培によるリーフレタスの栽培】

【販売会では多くの製品を準備】

4 生徒と共に作り上げた畑で毎日汗を流す ～農業コースの取り組み～

(1) ゼロからのスタート

開校1年目4月，農業コースは，畑づくりからスタートしました。元はグラウンドだった場所に畑用の土を入れた畑は，水はけが悪く一度の雨でまるで田んぼのようなぬかるんだ状態になりました。野菜の種や苗を植えたくても，このような畑では元気な作物ができないことは明らかでした。生徒たち

【雨上がりの畑】

に，今の畑では水はけが悪く，野菜を育てることはできないため，土壌改良の必要性を伝えました。大変な力仕事になることを伝えましたが，生徒たちは「やるぞ」と自分たちで声をかけ取り組みました。まずは，雨水の通り道になる排水溝を，畑を十字に割るように掘っていきました。入学して間もない生徒たちは，スコップやクワなどの用具を使うことにも慣れておらず，手にマメができる生徒もいました。さらには，足元の悪い中，水を含んだ土は重く，体力的にも大変だったように思います。その排水溝作りは1ヵ月間にも及びました。しかし，生徒たちは弱音一つ吐かず，排水溝を作りあげました。

その排水溝の効果で，5月には畑の水はけが改善され，野菜の種や苗を植えることができるようになりました。

【手づくりの排水溝】

【長靴が抜けなくなることも】

(2) 私たちの畑に合った野菜探し

【とうもろこしに薬剤散布】

溝づくりや堆肥施用により土壌改良された畑に，初めて播種した野菜は，とうもろこしでした。とうもろこしの栽培を通して，畝(うね)作りから，播種，間引き，追肥，除房など，野菜栽培の基本的な活動を知ってほしいという思いがあったからです。生徒たちは，自分たちで作った畑に畝を作り，播種し，収穫までの管理を経験しました。途中，台風や害虫によって，多くのとうもろこしが被害を受けました。なぜそうなったのか，害虫駆除や薬剤散布についても考え，活動の意義についても考える機会となりました。

夏休み明けは，学園祭に向けての取り組みが始まりました。たくさんの来場者の期待に応えるだけの野菜の種類と数を用意しようと，大根や小松菜，ほうれん草，ブロッコリーにも挑戦しました。とうもろこしを通して学んだ栽培方法を応用して，いろいろな野菜の栽培をすることができるようになりました。

また，生徒一人一人に畑のスペースを確保し，自分で用意した野菜の種まき，栽培するという活動にも取り組みました。畑の性質によって育ちやすい野菜は何かを知る機会にもなりました。

学園祭後は，ねぎの栽培に取り組み，２月の販売会で販売することができました。１年を通して野菜を栽培することで，私たちの畑に合った野菜は何か，次年度への見通しをもつことができました。

【複数の野菜を販売できました】

【立派なねぎが育ちました】

【地域へ販売活動。好評です】

【接客の仕方も工夫しています】

(3) 栽培した野菜を収穫し，販売する喜び

　本コースでは，収穫した野菜をリヤカーに載せ，地域への販売活動に行っています。はじめのうちは，慣れない接客や販売活動の認知度の低さから，完売することができず，学校へ戻ってくることが多くありました。生徒たちはどうしたら自分たちの野菜を買ってもらえるか考えました。そして，笑顔と大きな声で接客する方法やリヤカーに看板をつけるなどの工夫を行いました。毎回地域へ販売に行くことで，1度買ってくれたお客様がまた買いに来てくれたり，他のお客様に紹介してくれたりと，地道な活動が着実に売れ行きにつながっていきました。そして「野菜おいしかったよ。」「また売りに来てね。」とお客様から声をかけられることで「地域の方から必要とされている」という，生徒の野菜づくりに対する意欲にもつながっていきました。今では，地域での販売は毎回完売する盛況ぶりです。

【暑い日も，寒い日もお客様に喜んでもらうため仕事をします】

（4）新たなチャレンジへ

　2年目に入り，新たに23名へと増えた本コースでは，畑づくりの基本を先輩から後輩へと伝える機会を多く設けました。1年生は，先輩から教わることで，知識や技術を得るだけでなく，良好な先輩後輩間の人間関係を築くことができました。また，2年生は，1年生に伝えることで活動を復習することができ，より確実な知識や技術を習得することができました。

　また，人数の増えた本コースでは，十分な活動量を確保するため，畑の拡大と，水耕栽培によるリーフレタスの栽培や，市川市の協力で稲作にも取り組みました。冬期の野菜が育ちにくい時期には，切り干し大根作りという加工食品づくりにも取り組みました。新たな活動を通して，一人一人が得意な活動や長所を活かして活躍する場面を増やすことができました。

○リーフレタスの水耕栽培
このユニット型植物工場は，温度・湿度・養液を個別制御。太陽の代わりに照明を設置し，環境を人工的に制御して野菜を作るシステムです。

○学校外での稲作
田起こしから，田植え，おだ作り，稲刈り，脱穀と稲作の一通りの活動に取り組みました。収穫した米で，おにぎりを作って食べました。

○切り干し大根作り
自分たちで栽培した大根を使って，切り干し大根作りに取り組みました。冬期の活動量を確保する上でも貴重な活動です。

5　3年間を振り返って　〜一人一人が輝く農業コースをめざして〜

　市川北高等学校の跡地に本校は開校しました。開校当初，様々な困難が待ち受けていました。今まで畑であったところを引き継いで野菜を作ることは容易なことです。しかし，校庭であったところに畑を作り，野菜を作るということは，未知な不安要素を多く含んでいました。校庭の土をくりぬいて，畑用の土を入れてもらいましたが，雨が降ると校庭の排水は全て1段低い畑に流れ込みました。雨上がりの畑に入ることはできず，もしそこに足を踏み入れれば，1番下の地層の硬いところまで潜ってしまい，身動きが取れないという状況でした。そこで最初に取り組んだのが，排水溝を作るという活動でした。農業コース12名の生徒と，5名の教職員で力を合わせ雨水の流れる道を作りました。

　とにかく毎日が肉体労働で，疲労困憊でした。"野菜づくり"の前に"畑づくり"を行う，そんな想定外のことがスタート地点でした。ただ，私たちの心の中は，"ネバーギブアップの精神"を合言葉に，みんなでコツコツと努力していきました。「苦しくても負けるな。必ず良くなる。この試練も必ず意味がある」と少ない人数で励まし合い，畑を作ったことが思い出されます。その取り組みから，コース1期生は明るく誠実で困難に負けない気持ちが育まれたと思います。これがあの時の困難の意味であったのです。

　野菜作りについても様々なドラマが生まれました。「作物にとって一番の肥やしは主の足跡だ」と生徒に話したことがあります。「野菜づくりを好きになること。成長の変化を楽しむこと。これは何だろうと疑問を持つこと。それが長続きのコツ」そう話したら，ある生徒は，毎朝畑に寄ってから教室に入るという行動を欠かさず行うようになりました。他の生徒も，自分から書店に出向き，野菜の本を購入し，楽しそうに野菜づくりを勉強している生徒，夏休みなどの長期休業期間には，生徒自ら野菜の世話をしたいと申し出る生徒など，各々が本コースの中で自分の役割をみつけていました。

　本コースの店名は"旬果秀十"にしました。これは，春夏秋冬にかかわりがある農業コースで，旬の果実をつくる，等級"秀"の野菜づくりをめざす，十人十色の個性が光る農業コースという意味です。その個性の輝かせ方を自分の役割とし，行動した生徒たち。これが本コースでの取り組みであり，進むべき方向を見つけることができた意味のある3年間であったと思います。生徒たちが築いてきた土台に，今後たくさんの野菜が育つことで自信を深め，より一人一人が輝くことを願っています。

＊＊＊＊＊＊＊＊＊＊　高校生活初の宿泊学習　＊＊＊＊＊＊＊＊＊＊
～キーワードは"主体性"と"体験"～

　今年の１学年のテーマはChallenge～挑戦～。宿泊地は昨年と同じですが，"主体性"と"体験"をキーワードに，新しい取り組みにチャレンジしました。

【自分で選ぼう！決めよう！準備しよう！】

　計画したのは，「もの作りの町」宿泊地台東区近辺での伝統工芸品づくり。江戸飾り結びや江戸風鈴など様々な品の中から，つくりたい物を自分で選んでグループに分かれます。生徒たちはどのグループにしようかと工芸品の写真を真剣に見つめていました。それぞれのグループには定員が決まっていますので，希望がかなうようにと祈る生徒たち。事前の係活動では，工芸品や昼食場所をパソコンで調べたり，掲示板やクラス旗をつくったりと，実際に"体を動かして"準備を進めました。

【真剣・集中から満足・達成・・・そして思い出】

　期待に胸を膨らませて迎えた宿泊当日。１日目は全員で，情報機器を駆使した体験型ミュージアムで楽しみました。

　２日目，学科もコースもクラスも超えた体験学習別のグループで，それぞれの場所へ移動。その中の一つ江戸風鈴づくりは24名の大所帯。活発な男子生徒が多い賑やかなグループでしたが，体験中は静寂な雰囲気に……皆が風鈴の絵付けに熱中していたからです。思わず手に力が入りすぎ風鈴を割ってしまった生徒に，店の方が「一生懸命にやってくれて嬉しいから」と，新しい物をサービスしてくれる一コマもありました。七宝焼きのグループは，それぞれに自分のデザイン通りにペンダントを仕上げて満足して首から提げて帰途につきました。ふだんから専門教科でもの作りに励む生徒たちですが，自分で選んだからこそ愛着もいっそうわいたようです。生徒はもとより，教職員からも「楽しかった」と声が挙がった宿泊学習でした。

【風鈴を製作中の生徒たち】

第1節　園芸技術科
（2）園芸コース

1　コースの概要

　園芸コースの生徒は各学年12名，計36名を定員としており，35名で構成されています。基本的なグループ編成は，各学年を3グループとしており，9つのグループを学習内容に応じて組み合わせ，日々の活動に取り組んでいます。主な活動場所は校内にある3棟のビニールハウスです（花苗栽培には2棟使用し，土づくりやイチゴ栽培などで1棟を使用）。また，ビニールハウス2棟で一度に栽培できる上限は約5000鉢（ビニールポットは10.5cmを使用）となっています。

【ハウス内の様子】

　播種（季節によって発芽が難しいので，プラグ苗を購入して栽培をする場合もあります）から花苗の販売や納品という栽培サイクルを年間に数回行っています。花苗の栽培には，播種からの場合には10～12週間程度，プラグ苗の場合には7～10週間程度が必要になります。その間，最後まで継続して取り組める活動は水管理や環境整備として行っている除草のみで，播種や移植，土づくりなど期間限定の活動が多くなります。また，生き物や天候を相手に活動をするコースの特徴として，同じ活動でも状況によっては基本とする工程を変更しなければならないことも少なくありません。

【施肥（水やり）の様子】

　本コースのデュアル実習先は3ヵ所あります。スーパーの青果部門での袋詰めや品出しで，対象は1年生のみです。病院での剪定・除草や花農家での仕事は全学年対象としています。病院と花農家でのデュアル実習は，校内で学習したことを地域の方に評価していただく場として設定しています。校内での実習とデュアル実習を繰り返すことで仕事の習熟度を高めています。また，雨天時の活動として籐細工やドライフラワー加工などを準備しています。

　その他，コース同士の取り組みとして力を入れていることは，染織デザイ

ンコースへの納品です。マリーゴールドや藍，ミントなどの品種まで広がってきています。校内に藍用の花壇を準備し，栽培管理を行っています。

【染織デザインコースのために藍を栽培している花壇の様子】

2 コースの目標

・草花の栽培及び管理に関する技術，技能を習得する。
・就労に必要な体力や態度を習得する。
・自ら考え，気づき，取り組む態度を育てる。
・高い品質の製品で地域の方々とつながる。

3 年間指導計画（栽培及び単元計画）

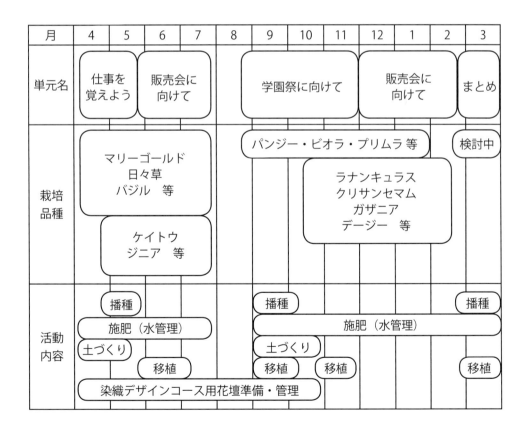

4　お客様に喜んでいただける草花を育てる～園芸コースの取り組み～

　本コースでは,「質の高い製品で地域でつながる」を合言葉に,日々活動に取り組んでいます。開校時から「質の高い製品とはどういうことか」を生徒と共に考え活動してきました。また,自分たちが育てた花を訪問販売することに力を入れてきました。

（1）土作りを通しての自己評価と他者理解

　土作りは1日の作業で評価が得られる,生徒にわかりやすい活動です。土づくりとは,赤土,牛糞,ビートモスを順にふるいにかけて角スコップでかき混ぜて培養土をつくることです。赤土をバケツ4杯,牛糞をバケツ1.5杯,ピートモスをバケツ1杯の分量で混ぜ合わせます。それぞれの材料を準備する,ふるいをかけるやふるいに残った土を細かくするなど各自の役割がはっきりとわかる作業です。最初は教職員の指示により,道具を準備していました。いくつか足りない道具があったこともありましたが,その都度「この道具で仕事はできますか？」「バケツの数は足りていますか？」と質問して,生徒からの返答を待ちました。このような言葉かけをすることによって少しでも生徒たちが自分で考えて,進んで活動できるように支援しました。繰り返すうちに生徒たちは作業の見通しを持つことができ,「土作りをする」と仕事内容を伝えるだけで生徒たちで準備を始めるようになりました。土作りの作業は基本的には作業分担をローテーション制で行いました。しかし,生徒によっては得意な作業,苦手な作業があります。そこで,各生徒が得意な作業を分担したり,また,仲間が得意な作業を依頼したり,生徒たちが作業しやすい方法を工夫するようになりました。自分の得意な作業がわかると自信となり,意欲も増してきました。仲間の得意な作業がわかるとそれを認めるようになりました。コース全体として「協力して作業を行う」と生徒たちの意識に変化がみられました。

　さらに,「協力」については,土を混ぜ合わせる作業で必要な要素です。最初はそれぞれの生徒のペースで混ぜ合わせていましたが,少しずつ仲間のペースに合わせることもできるようになりました。仲間と協力して正確な仕事ができるようになってからは,混ぜる回数を意識するようになりました。1日の振り返りで,「なぜ回数が増えたか？」,「なぜ回数が少なかったか？」とその日の作業を自分で評価し,その理由を教職員と共に探り,次の活動目標につなげるようにしました。

（2）除草作業を通しての課題克服

　除草作業は，園芸では欠かせない重要な作業です。しかし，単調な作業なので集中力を維持することは難しい作業種です。最初の頃は作業時間の途中で手が止まったり私語をしたり，分担の作業場所から離れる生徒もいました。その時，「どうして仕事が続かないのか？」や「なぜ，話をするのか？」と生徒に問いかけ一緒に解決策を考えました。生徒の実態は一人一人違います。同じ除草作業でも活動のしやすさは条件によって変わってきます。生徒に合った条件を提示することで，作業に集中して取り組める時間が増えてきました。また，除草作業の途中でお互いに作業場所の様子を確認する相互評価を取り入れて，生徒個人の目標を達成できるように支援を行いました。

（3）輝ける場が誰にでもある

　本コースでは，土作り，ポットへの土入れ，播種，移植，水やり，除草，施肥，摘心など多種多様な作業を準備することで，それぞれの得意な活動を見つけることができます。生徒が役割を持ちやり遂げると，次の意欲や積極性につながっていきます。より高い意欲を持つ生徒はグループのリーダーとしての役割を担いました。3年生は活動の開始時には作業の準備などを仲間に具体的に説明して確認している姿がみられるようになりました。また，準備や後片づけでは自分の分担を終えると仲間の分担も率先して手伝うようになりました。1，2年生の頃とは比べものにならないほどに，暑い中でも長時間，ハウスでの枯れ花除去や除草作業などを根気強く行うことで，体力がつき，集中力が増しました。さらに，生徒相互で確認して作業に取りかかる力がついてきており，安心して任せることができる活動が増えました。生徒の成長から一人一人が本コースにとって「なくてはならない存在」として仲間や教職員から認められるようになりました。引き続き，生徒本人が「この仕事は誰にも負けません」という自信を持ち，次の目標に向けて前進してほしいと思います。

　本コースで「質の高い製品」とは，生徒一人一人が自分の役割に責任を持ち製品に対しての評価で自信を深めて行くことで完成することであると考えています。次の項目では，お客様と直接かかわる中で製品が評価される訪問販売について紹介します。

（4）訪問販売に行こう

　本コースでは授業の一環で栽培している草花を地域の方々に訪問販売を行っています。販売といっても簡単なものではありません。日頃の草花の世話をしっかりしなければ，なかなかきれいな花は咲いてくれません。それにお客様に買っていただくものを育てるのは大変なことです。少しでも手を抜けば，お客様からの評価も下がります。生徒にとっても教職員にとっても訪問販売は日頃から緊張感を持つ有効な活動です。また，何のために草花を育てているか，活動の意義もわかりやすい活動です。お客様により本校の訪問販売を知っていただくために最寄り駅の商店街やスーパーの前で販売を行いました。人通りが多く車の往来は比較的少ない所なので，買い物ついでに草花も購入していただけたらという意図がありました。

　花の種類は春先から夏にかけてはサルビア，マリーゴールド，キンギョ草，など何種類もの草花を販売しました。秋から冬にかけてはパンジー，クリサンセマム，デージーなど冬の寒さをしのぐためのビニールハウスを大いに活用し販売しました。販売価格は主に一ポット80円で，ラナンキュラスなど高価なものは200円ほどですが，お客様にはお手頃価格として喜んでいたいだいております。

　訪問販売に行く前に販売準備をします。生徒と共にどの花が今一番販売するのに適するか相談し，販売する花の種類を決定しました。また販売する花の色にも気を使いました。1種類の花の色を持っていっても，なかなか売れないことがわかりました。花の種類にもよりますが複数の色を組み合わせて販売するのがたくさん売れるコツと気づきました。生徒も教職員も販売を通して「お客様が喜ぶもの」がわかり，貴重な活動でした。また，花の種類が決まったら枯れている花や葉があれば取り除くメンテナンスを施しました。メンテナンスが終わった花は出荷トレーに詰め込み，リヤカーに乗せ販売場所に向かいます。生徒と共にリヤカーを引っ張り，青空のもと目的地まで歩いて行くと生徒の表情には期待に満ちていました。

（5）お客様がたくさん集まってきた！

　目的地に到着し販売準備が整えばお客様に声をかけました。声をかけるのが得意な生徒もいますが，少し恥ずかしがりながら声をかけている生徒もいました。リヤカーに花を積み街中で売るわけですから恥ずかしくないわけがありません。そこは教職員が見本を示すと，僕も私もと勇気を振り絞り声を出すこと

ができました。

　「いらっしゃいませ。市川大野高等学園です」という元気な声が商店街に響き渡ると，通りかかったお客様がリヤカーに大切に積み込まれた草花をのぞきこんでくれました。「わーかわいい。みんなが育てたの」というお客様の言葉に生徒たちも満足そうでした。近頃はリヤカーを引く姿を見ると市川大野高等学園の生徒とわかってくれるようで「今日は何を販売しているの」とお客様から声をかけてくるほど顔見知りになりました。最近ではお客様がリヤカーの周りに殺到し，これがいい，あれがいいと注文が飛び交うようになりました。生徒もお客様の対応に追われようになりました。

　訪問販売に行った日の生徒の振り返りでは「訪問販売はいろいろなお客様とふれあうことができて楽しい。はじめは恥ずかしかったけど今は平気です」「自分たちが育てた草花が売れた時はとてもうれしい」「お客様から励ましの声をかけていただき元気が出る」など生徒の気づきも様々で，訪問販売に対しては前向きに取り組みたいという意見が大半でした。

　生産したものを販売することは活動の意義がわかり，生徒たちの自信になりました。また地域社会とつながることは自分も地域社会の一員として役割を担っているという自覚を育むと感じました。

　お客様からかけていただく言葉は決して，お褒めの言葉だけではありません。時には商品のことやお客様への対応について御意見をいただくこともありました。生徒たちは厳しい御意見をダイレクトに受けることで，明確に自分たちの課題に気づくことができました。お客様に花の質問をされましたが，答えることができなかったので自分で花の勉強を始めた生徒がでてきました。花が売れ残った日はどうして売れなかったか学校に戻り自分たちで考えるようになってきました。訪問販売を始めた頃は教職員主導で計画，実行を進めた面もありましたが，回を重ねる毎に生徒たちは自分から良かったこと，できなかったことに気づき，主体的に活動することが増えてきました。

　訪問販売の歴史は浅いですが，地道に活動したことが地域のお客様にも浸透しリヤカー，イコール市川大野高等学園という評判が広がっていました。課題はありますが，地域の皆様に喜んでいただける製品をこれからもお届けできるように生徒主体で取り組みたいと思います。

5　3年間を振り返って　　地域とのつながりを大切に…

　本コースは3ヵ所のデュアル実習先やリアカーでの訪問販売など，地域の方々とかかわる機会が多く，開校初年度，訪問販売ではお客様と花苗の話をするよりも学校の説明をすることが多かったことを思い出します。3年目は，学校の説明をするよりも花苗についての話をすることが増え，お客様から「昨年の花が良かったから今年も買いに来ました」と言葉をかけていただけることもあります。

　「高い品質で地域とつながることが大切」という話を開校当初に，学科講師である淑徳大学教授の澤口先生にしていただきました。高い品質であることで，障害をもっている生徒たちが作っている製品だから買っていただくのではなく，他と比べて品質が良い商品だと選んでいただくことになる。そして，選んでいただくということは必要とされる存在になっていくということにもつながっているという話から，「高い品質で地域の方々とつながる」というコース目標を設定しました。

　2年目以降，近隣の花農家の方に委嘱講師になっていただきました。栽培計画についての助言や栽培についての相談など支援を受けられる環境が整ったことで，より高い品質の製品づくりをめざすことができるようになりました。

【花農家でのデュアル実習。ＩＢ化成の追肥を行っている様子】

　ようやく3学年が揃い，基本的な栽培計画や活動の流れなどが見えてきました。今後，「指導内容・方法の工夫」「キャリアアセスメントの共有」「学習評価」などの指導体制がさらに整備されていくことで，生徒たちの意欲につながっていくと考えられます。そして，「達成できた喜び」や「必要とされる喜び」などを繰り返していく中で生徒たちは成長していきます。もしかしたら，数年後には生徒たちの成長に合わせて，さらなる仕事量を確保しなければいけないというようなことが起こるかもしれません。

　生徒たちの成長を楽しみながらそのようなことをイメージしつつ，校内でできること，地域に協力していただければできることを見つけていきたいと考えています。

笑顔輝く学校生活編　コラム　6

***************　校内教育相談　**************

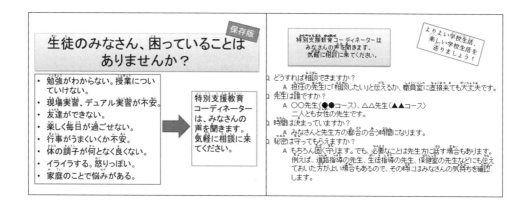

このようなリーフレットを配布したり，校内に掲示したりしています。
また保護者会などでもお知らせしています。

　「リーフレットを見ました」「(保護者から)子どもの話を聞いてほしい」「(学級担任や先輩から)紹介されました」など，きっかけは様々です。「話を聞いてください」「カウンセリングをお願いします」と声がかかります。人間関係，恋愛，学校生活についての不安，自分の病気のこと，中学校のときのこと，理想の自分像……などなど，相談内容や相談回数は生徒によって違います。教育相談室を出る時には，明るい気分になってくれるといいな，少しでも気持ちが軽くなるといいな，と願いながら，じっくり話を聞くことを心がけています。
　内容によってはケース会議を開き，校内支援体制を組みます。また関係機関と連携を図ります。
　話す相手によって話題を変えたり，悩み事の内容によって相談する相手を選んだりすることはよくあること。家族にも友達にも話せない，そんなときの選択肢の一つになればいいと思います。
　「相談する力」を身に付け，いろいろな人に支えてもらいながら，自分の人生を歩んでいってほしいと思っています。

第2節　工業技術科
（1）木工コース

1　コースの概要

　本コースは，1年生男子12名，2年生男子12名，3年生男子12名の計36名で構成されています。3年生は概ね安全に気をつけながら電動工具を操作することができます。2年生は，得意，不得意な電動工具があり，教職員の支援を必要とする生徒もいますが，操作方法を覚えつつあります。1年生は，各工程において，繰り返し取り組みながら電動工具の操作方法を覚えています。明るい雰囲気で作業に取り組み，生徒たちは木工実習室へ来た方に「こんにちは。」と大きな声で元気良くあいさつしています。しかし，困ったときやわからないときに自分から「どうしたらいいですか。」と聞くことが難しい生徒が多いです。そこで，生徒が困っている場面では，生徒から相談に来るまでできるだけ待つようにすることを，全職員で共通理解し，実践しています。少しずつですが，困ったことやわからないことを自分から聞きに来るようになってきました。

　本コースで一番大切にしていることは，「質の高い製品をつくる」ことです。そのためには，「部材の精度」が大切です。精度を高めるためには，補助具の精度が要求されます。補助具は，質の高い製品をつくるためだけではなく，生徒の安全を守るため，生徒の主体的な活動を引き出すためにも必要不可欠といえます。精度の高い補助具をつくることで，製品の質と生徒の安全が高まってきています。「わかる」から「できる」，そして「もっとやってみたい」と生徒が思えるよう，日々補助具を工夫，改善し，授業の改善を行っています。また，本コースでは，「製材」，「加工・磨き」，「組み立て・塗装」と，3つの工程に分け分業制で行っています。分業制は，生徒が責任をもって担当することで，主体的に取り組む姿が期待できます。また，一人一人が自分の役割や"コースにとってなくてはならない存在"であることを自覚し，その仕事に対する責任感を育むこともできると考えています。

　本コースは，7月と2月の販売会と11月にある学園祭に向けて単元を組んで製品づくりを行っています。目標数を単元ごとに設定し，達成するために工程ごとに数を確認しながら取り組んでいます。販売会が近づいてくると，製品の説明や金銭の授受の練習をしています。販売会では，練習の成果を発揮してお客様の質問に答えたりお金を受け渡したりすることができ，自信になりました。

　その他に本校の喫茶室『Natural Ohno』や近隣の老人介護施設，欧風家庭料

理店などから注文をいただいて、テーブルの製作、販売をしています。また、近隣のお客様や自治会からテーブルベンチや背もたれつきベンチ、木製コンポストの注文を受けました。注文品づくりでは、生徒が木材を支えたり押さえたりしながら組み立てることや、木材を接合するなど、工程分担を超えて協力しながら行っています。ふだんの製品づくりとは異なりますが、みんなで協力してつくり上げ納品することで、生徒同士の信頼関係も高まっています。届けたときや受け取りにきたときに、お客様から「ありがとう」と言われると、生徒たちはうれしさと同時に自信にもつながりました。これからも注文品の販売を通して、近隣の方々とのつながりを深めるとともに、生徒の「できる」という自信を高めていきたいです。

2　コースの目標

・木材加工で扱う各種用具、機械等の操作に必要な基礎的・基本的知識及び技術を習得し、安全に気をつけながら取り組む。
・実習を通して就労に必要な体力、身だしなみ、コミュニケーションを育む。

3　年間指導計画

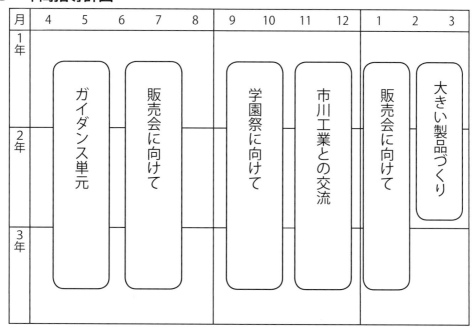

4　安全に，そして正確に　～木工コースの取り組み～

（1）工程別分担で自分の役割を知る

　開校時，作業工程を分業制にするか，一人で全工程を担うかを悩みました。7月の開校記念式典に向けて，校門のアプローチを飾るプランターの製作を依頼されました。分業とまでには至りませんでしたが，グループに分かれて活動しました。また，一人で全工程を担当する活動も取り入れてみましたが，生徒によって製品の質にばらつきがみられました。夏休み前まで，活動の形態がはっきりしないまま活動をしていました。

　11月の学園祭に向けて，分業制で活動することに決めました。理由は自分の役割がはっきりすること，繰り返して活動することで正確性が身に付くのではと考えたからです。製品づくりの工程を「製材」「加工・磨き」「組み立て・塗装」の3つのグループに分けて活動をしました。製品はプランターカバーを製作しました。初めての学園祭でお客様に製品を手にとっていただき，購入していただいたことで，製品が売れる喜びを経験することができました。このことから，単元ごとに役割を固定して活動に取り組み，分業制を導入することにしました。

（2）正確性の大切さを知るために

　1年生には，各生徒がどのような作業に向いているのかを判断するために，最初の1年間でなるべく3つの工程を経験できるように考えました。特にグループが代わった後は，「正確に製材しないと正しい位置に穴があけられない」「正しい深さで溝を掘らないとうまく組み合わない」など，各工程のつながりと大切さを伝えるようにしました。

　例えばAさんは，加工・磨きグループのときは，木くずがたまって穴を開ける位置がずれていても治具を掃除をしなかったのが，組み立てグループになり穴がずれるとうまく組み立てられないことがわかり，製材グループになってからは正確な製材を集中して行うようになりました。自分の活動の意義がわかり，それぞれの工程を正確に行うことで『質の高い製品が完成する』ということを意識できるようになりました。

　また，実習室の配置は工程分担ごとに作業エリアを3つに分けました。エリアの境目には棚を配置してあり，自分たちの作業エリアがわかりやすくなっています。部材の不具合があると，お互いに声をかけ合って同じミスがなくなるように確認し合いました。

(3) 補助具・治具でより正確に，安全に

　各工程で，正確で安全な作業をするために補助具や治具を作成しました。製品の質を上げるために補助具の精度を上げる必要がありました。委嘱講師からの指導を受け，切断工程の補助具，溝掘りや面取りの工程の補助具，組み立ての補助具を改善しました。また，安全を高める補助具も作成し，生徒の手が刃に近づかない工夫や粉じん対策を行いました。補助具の精度が上がることで生徒たちはより正確な作業ができるようになりました。また，正確な治具や型板を作るために，工業高校との連携も行いました。しかし，生徒個々のニーズは違います。生徒の持っている力を伸ばすために，すべてを補助具や治具に頼るのではなく，自分で定規の目盛りを読んで印をつける活動，型板と合わせて誤差がないかを自分の手で確かめる活動を取り入れました。このような活動で生徒がより主体的になり，自ら製品をつくり上げている意識が高まりました。

(4) 進化する製品づくり

　開校初年度よりどのような製品が売れるかを考えました。試作をして製品化し，お客様の声を聞きながら製品の改良に取り組みました。

【八角形の鉢カバー】

【完成品と成形前】

　8枚の板を正八角柱の周りに沿わせて締めてつくる鉢カバーです。ボンドで貼りつけて締めたあと，型からはずして修正して成形し，底板をつけてまた成形して焼いて，塗装と長い工程を経て完成します。1年目は修正・成形は教職員の役割でしたが，2年目の途中から2年生が担当し，3年目は1年生も担当するようになってきました。これはコース全体の技術・技能が向上した結果です。塗装も，お客様の好みで選べるように光沢のある仕上がりとしっとりしたタイプの2種類に増えました。

(5) 工業高校との交流学習

　本コースの特徴的な取り組みとして2年目から，工業高校インテリア科と交流を始めました。きっかけは同科の生徒が本校の校章をデザインしたことにさかのぼります。交流を通して，木工の技術やデザインなど，お互いに刺激にな

ればという願いがありました。学園祭が終わった11月の下旬からお互いの学校を数回訪問し合いました。最初はお互いに緊張していたので，ゲームなどで盛り上がるような企画を考えました。仲良くなってから，工業高校で製作しているレッド＆ブルーチェアを教えていただくことにしました。レッド＆ブルーチェアとは，オランダのデザイナー「トーマス・リートフェルト」の代表作であり，世界的に有名な名作イスです。それを子供用にサイズダウンした物を製作することにしました。交流をしたインテリア科は女子が多く，ふだんは男子だけで作業をしている本コースの生徒たちは，照れくさそうな笑顔が絶えない時間となりました。製作活動では，見た目は曲線や複雑な接合部分はなく，板と角材だけで作られているので，それほど難しい製品には見えませんが，思ったより材料の精度（特に正確な直角）を出すのが難しく，時間と手間がかかりました。計画した交流の時間だけでは足りず，学校に持ち帰って2月の販売会の単元と並行して製作をしました。交流でお世話になった工業高校の生徒たちに，プレゼントするために，少しでも良いものを制作したいという気持ちが高まり，材料の製材からやり直し，精度を上げようとこれまで以上に集中して最後まで諦めずに取り組むことができました。その年の最後の交流では，自分で決めた配色で仕上げた作品を，工業高校の生徒たちへプレゼントすることができました。

　3年目は，本コース製品のシンボルマークとして，焼き印のデザインを一緒に考えることを計画していて，インテリア科ならではのアイデアを期待しています。また，今後は機械科や電気科などとも交流を考えています。

【インテリア科の卒展に作品を展示（千葉県立現代産業科学館）】

（6）注文品で技術と心を磨く

　開校から間もなくして，地域の方から注文品の依頼を受けました。まだ，活動形態も定まらず，販売会用の製品づくりに苦労していた頃でしたが思い切って引き受けました。お客様に「頼んで良かった。」と満足していただけるように心を込めて製作しました。木工の技術は委嘱講師の方にアドバイスをいただきながら，生徒・教職員共に学びました。注文品の依頼は生徒たちにとっても活動の意義がわかる機会になると捉えて，積極的に受け入れるようにしました。

　製作にあたっては，工程分担の枠を越えてスペシャルチームを組み，治具・補助具なしでサシガネやスコヤといった定規を使用し，まさに手づくりの作業で取り組みました。仕事を任された生徒は，注文品をつくるという嬉しさと，失敗できないという緊張感によって真剣に取り組むことができました。自分の役割を知り，コースにとって「なくてはならない存在」と意識することができ，技術的にも成長を遂げることができました。

　2年目は，企業からいただいた注文品のテーブルを納品する際，生徒とともに企業へ行き，現地でテーブルを組み立てて納品をしました。その場でお客様から感謝のお言葉をいただいた時の生徒たちの嬉しそうな表情はとても印象的でした。また，このような経験ができた生徒たちは，自分たちの仕事に自信を持ち，その後の活動でも中心となって仲間を引っ張ってくれる存在に変容しました。今後も生徒たちがお客様への感謝の気持ちを忘れず，本コースの活動に誇りを持てるように支援をしたいと思いました。

【ガーデンテーブルとベンチセット】

【木製コンポスト（キエーロ）】

5　3年間を振り返って　～質の高い製品作りを求めて～

（1）何から始めたらいいかわからない‼　いいものが作れない‼

　開校初年度の本コースは，木工経験のほとんどない教職員で「何から始めたらいい？」とそんなレベルからスタートしました。とりあえず各教室のごみ箱づくりをしたものの，出来上がった物は小学生の図工の作品よりもひどいものでした。初年度の木工コースは，「教職員の知識・スキルが低い→製品の質が低い→販売会等で売れない→生徒，教職員の意欲が高まらない」と負のスパイラルに陥っている状態でした。新製品をつくりたいと思っても，考えやイメージを形にすることができず，新製品を提案する会議では試作品がひどすぎて却下ばかりでした。

（2）精度の高い補助具を作ろう‼

　良い製品を作るにはどうしたらよいかを教職員間で何度も話し合い，考えました。そこで出た答えは，"部材を正確に製材したり，加工したり，組み立てたりできる補助具や治具をつくる"ことでした。安全で正確，そして生徒が簡単に操作できる補助具，治具つくりをめざすことにしました。すぐに満足のいく物ができたわけではありませんでしたが，生徒の作業している様子や製品の出来栄えを見て，何度も試行錯誤を重ね，少しずつ良い製品ができるようになりました。2年目になって，委嘱講師からの指導や木工に関する高い知識・技術を持った教職員がメンバーに加わったこともあり，補助具の精度や製品の質が数段高くなったと思います。製品が良くなったことで，近隣の方からの注文が増え，販売会，学園祭での売り上げも伸びました。何より嬉しかったのは，フードサービスコースから『Natural　Ohno』で使用するテーブルを注文してもらったことです。本校の看板店に自分たちの作った製品を置けるということは，実力を認めてもらえたようで本当に嬉しかったです。

（3）生徒たちの能力（ちから）をもっと発揮できるように‼

　いくら良い補助具を作ってもそれだけではダメだと思います。作り手である生徒が力を発揮できなければいけません。そのために生徒の長所や得意な点，また課題点などを教職員間で共通理解し，的確な支援を積み重ねる必要があります。「生徒が主体的に，そして意欲的に取り組むことができる」そんな木工コースであり続けられるよう頑張っていきます。

＊＊＊＊＊＊＊＊＊＊＊＊ 大学生と話そう ＊＊＊＊＊＊＊＊＊＊＊＊
〜『2学年総合的な学習の時間』から〜

　「えっ，どんな人が来るのかな？」「かっこいい人だといいな」「美人のお姉さんがいいな」「恋の悩みも聞いてくれるかな」などなど，「大学生がクラスに来るよ」と言ったとき，生徒たちは大騒ぎでした。

　2年生の総合的な学習の時間に「大学生と夢を語ろう」という単元を昨年度から行っています。本校に「たまごプロジェクト」(千葉県教職インターンシップ)で来ている了徳寺大学の大学生に希望をとってもらったところ，今年度は17名の希望者があり，各クラスに1〜2名の大学生に入ってもらいました。

　最初はお互いに緊張気味でしたが，そこは若者同士ですぐに打ち解け，どのクラスも和気あいあいのうちに，いろいろな話に花が咲いたようです。中には手相鑑定やものまねなどの特技(？)を披露してくれる学生さんもいて，盛り上がっていました。「夢を語ろう」という趣旨からは脱線したクラスも見受けられましたが，自分たちより少し年上で教職員よりはずっと身近に感じられるお兄さんお姉さんと話をすることができて，どの生徒もとても満足そうでした。大学生と話すことを通して，自分も近い将来こういう姿になるのだなとか，就職に向けてこういうふうに考えるものなのだなとか，自分の夢を描く一端になったことと思います。

　最後に生徒の感想を紹介します。「無理に考え込まなくても大丈夫なんだとわかってほっとしました」「夢に向かって頑張っている大学生はかっこよかったです」「僕も将来東京五輪をめざして頑張りたいと思います」「いろいろ悩んでいましたが，考え方一つで楽しいことはいっぱいあるのだと気づきました」

【担任も加わり和気あいあいの話し合い】

第2節　工業技術科
（2）窯業コース

1　コースの概要

　本コースは，1年生男子12名，2年生男子12名，3年生男子11名，女子1名，合わせて36名で構成されています。

　1年生は，4・5月の単元「製品の作り方を覚える」で，2年生と一緒に製品づくりについて道具の準備・片づけ，手順表の活用の方法，機械の操作方法などを学習してきました。仲間と共に学習する中で，安全に作業することや良い製品をつくることを目的として取り組みました。「キャリアアセスメント」から「対人関係」の項目で「あいさつ・返事」に課題がある生徒が多いので，日頃から気をつけるように支援をしています。2年生は，製品づくり・販売活動・振り返りを繰り返す中で，製品を良いものにしようとする気持ちが高まってきました。「キャリアアセスメント」から「協調性」に改善がみられたので，1年生を迎えて，製品づくりだけでなく，1年生に対する説明の方法や作業に向かう姿勢を意識して気持ちを高めるように働きかけました。3年生は，就労意欲があり，1・2年生と共に働く中で協調性を育み，自ら考え助言や作業の指示を出すことなどに取り組んできました。

　本コースでは，活動を2グループに分けて取り組んでいます。「たたらグループ」では，たたら粘土を組み合わせて靴やふくろうなどのプランターを製作しています。その他に土練機を使っての粘土づくりや釉薬かけ，窯詰め窯出しなどにも取り組んでいます。「ろくろグループ」では，電動ろくろ，機械ろくろを使用し食器類の製作をしています。

　各グループが，質の高い製品づくりをめざして改良・改善をしました（図1）。初年度から補助具や手順表などに試行錯誤を重ねてきました。また，生徒の主体性を育むために，自分で判断する部分を設け，自分で工夫したりすることも大切に製作活動を行っています。

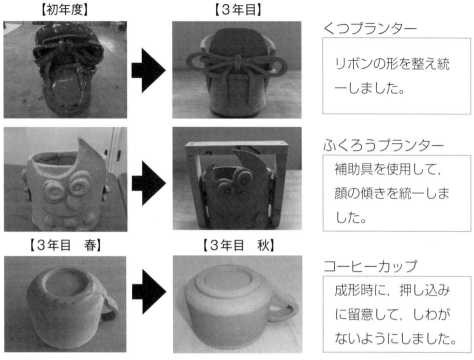

【図1　質の高い製品作りをするための改善点】

2　コースの目標

・陶芸で扱う各種用具，機械等の操作に必要な基礎的・基本的な知識及び技術を習得し，安全に留意して製品を製造する。
・自己の役割を理解し，仲間と協力して作業を行う態度を養う。

3　年間計画

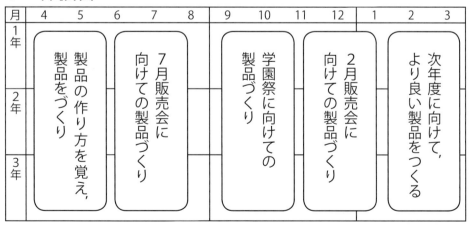

4 挑戦!電動ろくろでの茶碗づくり ～窯業コースの取り組み～

　本コースでは,特別支援学校では珍しい電動ろくろで製品づくりに取り組んでいます。きっかけは本校開校前の高等学校で使用していたものが残されていたことに由来します。何とか電動ろくろで製品ができないか,そんな思いからスタートしました。

　電動ろくろでの製品づくりは,きれいな形に仕上げるまで習熟が必要です。教職員も初心者が多く,生徒と共に電動ろくろのひき方を1から覚えました。ここでは,ろくろ成形における試行錯誤の様子を中心にまとめました。

(1) 生徒も教職員も電動ろくろを練習

　開校初年度,コースのメンバー12名は,電動ろくろに興味をもっていました。活動の役割を決めるときに多くの生徒や教職員も「やってみたい」と希望しました。そこで,最初はメンバーを固定せずに一定期間,ローテーションで取り組むことにしました。ろくろの成形は予想通り難しいものでしたが,良い製品をつくりたいという気持ちがもてるように補助具の試行錯誤を重ねました。型を紙や木や樹脂で作っては試し,生徒と活動しながら検討しました。その結果,本校では,木の補助具が使いやすいことがわかり採用することにしました。そして,電動ろくろで作ったものが製品になるかどうか,質を見極める必要がありました。生徒のキャリア発達を促すために,教職員だけでなく,生徒自身が製品

【初年度の様子】

のできを判断できるように工程・製品別評価基準を作成しました。これを活用して,製作したものを生徒自身が良し悪しを判断するようにしました。生徒たちは少しずつ,教職員に判断を委ねるのでなく,まずは自分でつくったものの良し悪しを判断するようになりました。また,初年度から年に10回程度,笠間から陶芸家を招き,教職員・生徒共に研修する機会を設け,学びました。そのおかげで少しずつ成形のコツをつかみ,学園祭には製品として出品することができました。製品が売れたことで生徒たちは達成感を味わい,製品を作る意義を理解し始めました。11月末には,校外学習で茨城県の陶芸美術館・茨城県窯業指導所に出かけ,電動ろくろのひき方を習ったり,多くの陶芸製品に触れたりすることができました。様々な体験から少しずつ質の高い製品を作ろうと意識をもちはじめました。1年目が終わる頃に,生徒も教職員もようやく電

動ろくろのひき方に慣れてきました。

（2）感覚に頼る活動をマニュアル化して

　2年目は，さらに電動ろくろを6台に増やして活動することにしました。引き続き，工程・製品別評価基準に基づき，均一な製品づくりをめざしました。1年生の支援として，①電動ろくろの手順書を作成　②手順を理解した時点で製品別評価基準を活用。以上のことを繰り返して活動しました。

【共に学ぶ姿】

　8月の全校研究会では，どの生徒も均一な製品づくりができるように製品づくりのマニュアル化ができないか，という意見が出されました。電動ろくろの操作は，手の感触や目視など感覚に頼る傾向があります。初心者でも，電動ろくろをひくことができるように，手順ごとに道具の使い方や目安など，生徒がわかるようにより具体的な活動方法を手順書に加え，マニュアル化をめざしました。

（3）1年生と2年生が学び合うことを大切にして

　電動ろくろのひき方のマニュアル化と並行して，2年生が1年生に教える活動もお互いのキャリア発達に良い影響があると考えました。生徒の実態に応じて，2年生や教職員が電動ろくろの成形の見本を見せたり，肘を膝でしっかり固定するようにアドバイスしたり，人とのかかわりの中で技術を習得するように支援をしました。1年生の中には，「○○さんのように茶碗をつくりたい」と2年生を目標とする生徒も現れてきました。

【手順書で確認】

　ときには，電動ろくろの成形の写真やDVDも使い，手本を見ながら行いました。1年生は呑み込みが早く，手順を覚える早さが増し，より整った製品が出来上がりました。2年生は製品づくりを1年生に見られていることを意識して，良い製品を作ろうと意欲的になりました。互いに良い製品を作るために切磋琢磨する姿がみられました。完成後，お互いに製品の出来栄えを確認し合うことができました。

（4）電動ろくろの一つ一つの手順を検討し，質の高い製品をめざす

　電動ろくろの成形で重要な工程は「荒練り」，「菊練り」という土を練る工程です。「荒練り」は土の硬さを均等にする練り方で，「菊練り」は土中の空気を抜いて行う練り方です。体重のかけ方を少しずつ工夫しながら練ることができるようになり，粘土の空気をしっかり抜くようになってきました。生徒たちはこの工程をしっかり行うと，電動ろくろの成形が成功することを日々の活動の中で学習しました。土練りの意義がわかると，電動ろくろの活動にもいっそう意欲をもって取り組むことができました。

【「荒練り」「菊練り」の様子】

　電動ろくろの手順には，「①土中の空気を抜く」「②土を循環させて硬さを一定にする」「③土を締める」という３つの工程があります。方法として，右手を左手よりやや上にし，手のひらで押し，力を入れる場所をスライドさせ，土を上げ下げして行いました。そのような方法で行うと，自然に中心が出てきれいな形ができました。

　次に，製作物の形を作る「ばい挽き」の作業に入ります。

　作業のポイントは，「①伸ばすときは左手は12時の位置」「②両手で挟む際は8時の位置」など具体的に伝えるようにしました。ポイントを絞ることで，失敗が減り，均一な製品をつくることができるようになりました。

【電動ろくろの様子】　【ばい挽きの様子】　【両手で8時の位置】

（5）カンナを使っての高台づくりについて

　「削り」の工程はカンナを使って行います。高台部分の厚さを均一にするため，はじめのころは手本を示し，隣で教職員が見守り助言したり，手を添えて行ったりしました。また，ガイドを当てて滑らかさを経験したり，手順を統一したりすることで均一の品質になるようにしました。具体的な指の使い方をその都度教職員と確認しながら取り組みました。繰り返し活動する内に，一人でできる生徒も出てきました。「削り」の工程が終わると「素焼き」に入り，その後釉薬をかけて「本焼き」を行い，やっと製品が完成します。

（6）自分の役割を果たすことから主体性が生まれる

　1年目は，生徒の力が発揮できる作業内容はどこかを把握するために，単元毎に作業分担を代えて活動を行いました。2年目は，電動ろくろ，たたら成形の作業の一つ一つの手順を守るように手順書を作成し，誰が作っても均一な製品になるようにマニュアル化が可能になったので，作業を分業制に移行しました。分担した作業を生徒が繰り返して行うことによって，「自分の仕事」という自覚が出てきました。生徒の中には，手順書や補助具，評価基準表を必要としないまで習熟し，仲間の作業を手伝う姿も見られるようになりました。また，多くの生徒は，道具の準備，製品づくり，片づけを進んで行うように変容しました。自分の役割を果たすことで自信がつき，自信から主体的に活動する場面が増えるなど生徒のキャリアが育まれてきました。

（7）1年生も電動ろくろができた！

　3年目になり，1年生も春から電動ろくろの作業に取り組みました。ビデオを使って細かい部分の手順を確認しました。また，2，3年生がろくろ成形の方法を説明したり，手本を見せたりして，ポイントを伝えるようにしました。教職員が教えるだけでなく生徒同士の教え合いのほうが，1年生には伝わりやすいようでした。5月末には1年生も製品を作ることができるようになりました。7月の販売会では，茶碗や丸植木鉢，ビアマグなどが人気製品でした。生徒一人一人が一生懸命作った物を多くの方に喜んでいただいたことは，次の製品づくりへの励みとなりました。

　今後の課題としては，言葉遣いや報告・連絡・相談など，まだ不十分な面が見られます。報告や連絡は，自分の分担した作業が次の工程へ流れていくときに必要な活動です。「なぜ報告が必要か」活動の意義を生徒と共に考えながら，課題を解決していきたいと思います。

5　3年間を振り返って　～生徒と共に新製品づくりに取り組む～

　本コースでは，生徒と一緒に製品を作り上げる上において大切にしてきたことが2つあります。1つは，器（食器）を作ることです。2つは，植木鉢（プランター）を作ることです。2つのことを大切にしています。本コースの製品として，生徒が日常で使った経験のある製品を作ることで，生徒にとって製品の良し悪しがわかりやすいようにしてきました。

　器では，均一で質の高い製品でありたい。植木鉢では，生徒と作り方を考え本校独自の個性のある製品でありたい。この2点に気をつけ生徒と共に製品づくりに取り組んできました。そのために，生徒は，年に2回程度自分たちのつくった製品を持ち帰り，身近な家族からの製品に対する意見や希望を聞くことで，製品づくりに対する意欲が高まりました。また，自分自身も製品を使ってみることで，製品に対する愛着がもてるようになってきています。製品を持ち帰り，家族に見てもらい，実際に使うという活動は，予想以上の効果があり，継続して持ち帰っています。

　3年目，器においてはろくろ成形で茶碗やカレー大皿などを作っています。電動ろくろを使っての茶碗づくりでは，ガイドやトンボを使い，大きさを均一にするよう生徒と話しながら，大・中・小の器の製品づくりに取り組んできています。器の釉薬においては，還元焼成により，存在感のある色が出せるようにと取り組んできました。

　たたら成形の植木鉢づくりにおいては，靴やふくろうの形のプランターを現在作っています。また，犬や猫の形の新しいプランターについても試作しています。生徒自身が作りやすい型の形や手順を話し合いながら，作り方を検討しているところです。植木鉢の釉薬については，それぞれの形に凹凸の変化があり，酸化焼成でも色の変化が望めると考え，酸化焼成で行っています。

　生徒が全身の力を使い粘土に働きかけ，生徒自身のイメージした形の陶磁器製品やニーズに応じた製品を作っており，それを地域で販売できるようになりました。地域の方に買っていただくことで，ものを作る楽しさを知り働く喜びを少しずつ知ってきています。

＊＊＊＊＊ あいさつなどを通して地域とつながる ＊＊＊＊＊
〜 登下校指導を通して 〜

　生徒の多くは最寄りの駅から 20 分程度歩いて学校に通っています。生徒指導部では定期的にその通学路で登下校指導を実施しています。そのときのほのぼのとしたエピソードをお伝えします。

■ 元気なあいさつは素晴らしい

　　登校中，元気に地域の方々に一人ずつていねいにあいさつをする生徒に遭遇。本校ではあいさつがコミュニケーションの第一歩であるということで，あいさつの大切さに重点をおいて伝えています。その成果があらわれた。そんな気がしました。

■ 学校公認の寄り道!?

　　地域の方がお祭りと称してジュースや食べ物を生徒たちに無料で振舞ってくださる機会がありました。帰り道でしたが，学校公認ということで生徒たちはワイワイ嬉しそうに会話を楽しみながら寄り道をしていました。

■ 下校途中に雷がゴロゴロゴロ・・・・

　　下校途中で急に強い雨，雷が。生徒たちを避難させようと通学路に向かうと生徒がどこにもいない。どこに行ったんだろうと探していたところ，通学路にある会社の方が資材置き場に避難させてくれていました。すばやい対応，とても助かりました。

■ 校門前で下校指導

　　地域の方に声をかけていただきました。「おたくの生徒さんは元気にあいさつをしてくれるので気持ちがいいんだよねー。」とても嬉しい一言でした。

　登下校指導をしていると様々な場面に遭遇します。地域の方々が温かい目で見守ってくださっていることがよくわかります。もちろん厳しい意見もあり，道幅いっぱいに広がって歩くなど，不適切な行動もまだまだなくならず，注意も受けています。しかし地域の方々が本校生徒に目を向けてくださることが生徒のより良い指導支援につながり，感謝の気持ちでいっぱいです。これからも地域の方々とより良い関係を築き，地域ぐるみの指導・支援を続けていきたいです。

第3節　生活デザイン科
（1）ソーイングデザインコース

1　コースの概要

　本コースは，1年生男子4名，女子8名，2年生男子4名，女子8名，3年生男子3名，女子8名で構成されています。主な活動内容は，布製品等を中心とした製品の製作（主にコースター，ランチョンマット，ミニトートバッグ，ペンケース，バネ口ポーチ，手提げバッグ，巾着等），製品デザインの考案，近隣店舗などでの販売活動や得意先業者への納品などです。

　キャリアアセスメントから，1年生は「集中力」，2年生は「正確性」「器用さ」，3年生は「体力」「作業速度」に関して課題があったため，それぞれ目標数や時間を意識すること，正確に製作すること，働き続ける体力をつけることなどを目標として，日々の活動に取り組んでいます。

　製品の製作では，工程を区切ってグループ全員で分担し，一つの製品を仕上げるように進めています。一人1〜2工程を割り当て，同じ工程を繰り返すことで技術の向上をめざし，一人一人が自分の役割について理解し，なくてはならない存在であると感じられるようにしたいと考えています。

　また，主体的に活動する意欲を高めるために，生徒が1日の目標数などを具体的に決めて，振り返る活動を取り入れることで，達成感を得ながら集中して取り組めるようにしています。製作グループごとに検品表を活用し，開始・終了時間を記入してかかった時間を明らかにすることで，個々のペースを把握し，それぞれのペースでより早く正確に行うことができるように具体的な目標を立て，随時励ましや言葉かけを行うようにしています。これらの活動を通して，多くの生徒が一定時間集中して取り組むようになりました。そして，自分で課題を活かした目標を立て，より良い製品づくりを行う意欲が出てくるようになりました。

　さらに，デザインの発表会を行うなど，生徒の意見を積極的に取り入れて製品化することで，生徒の主体性を育んでいきたいと考えています。これまでも生徒の声から季節限定品販売を行い，好評を得たことで達成感と自信につながる成果がありました。

　一方で情緒の安定や集中力の点で課題がある生徒もいるため，場の設定や工程分担を工夫して，集中できる環境づくりを行っています。

2 コースの目標

・裁縫に関する活動への興味・関心を深め，意欲的に活動に取り組む。
・製品のデザインや製作，販売活動などの一連の活動に取り組む中で，習得した知識・技能を実際に活用する。
・先輩から後輩へ教え合うことで活動内容の理解を深め，人間関係を育む。
・活動を通して，職業自立で必要とされる働く意欲と態度を育む。

3 年間指導計画

月	4	5	6	7	8	9	10	11	12	1	2	3
1年	基本的技術の習得		販売会に向けた製品の製作		学園祭に向けた新製品などの製作			季節に合わせた製品の製作	納品先開拓	販売会に向けた製品の製作	納品先への納品	次年度に向けた取り組み
2年		小物製品等の製作										
3年		下級生指導										

【実習室の様子】

【工程順のケース】

【生徒によるデザイン企画表】

4 生徒と『デザイン』を考える～ソーイングデザインコースの取り組み～

　本コースでは3年目に入り，生徒と一緒に生地やパーツの組み合わせなどの『デザイン』を考えられるようになり，「試作→話し合い（発表）・デザイン決定→製品化」の流れで取り組んでいます。以下，その4グループを紹介します。

（1）ペンケース製品づくりの取り組みについて

　このグループは2年生3名（男子2名・女子1名），3年生2名（男子・女子1名ずつ）計5名で構成しています。お客様の要望や生徒たちの希望，今までの経験からファスナーつけに挑戦してほしいという教職員の願いから，新製品として取り組みました。製作の流れは以下の通りです。

①試作

　サイズやデザインの異なる数種類の見本を提示すると，生徒たちは自分の鉛筆やペン等を入れて適切なペンケースのサイズを考えたり，男性用・女性用に合ったデザインをどうするか意見を出し合ったりと意欲的に話し合いを始めました。デザイン表に記入してから試作を行いました。工程表や見本を使って一緒にポイントを確認しながら進めることで，コツをつかみ，一連の流れを経験することができました。

②話し合い（発表）・デザイン決定

　試作の完成品を全員の前で発表しました。その表情は緊張しつつも誇らしげで，仲間から歓声や拍手，アドバイスをもらうことで達成感や次へのステップアップになったと感じました。意見を受けてお客様のニーズや季節に応じた配色を数種類選び，デザインを決定することができました。

③製品化

　主に前半部分を2年生が担当し，難しい後半部分を3年生が担当する分業で製品づくりに取り組みました。工程表や見本を使い，その都度検品を繰り返す行うことで，細かい部分まで意識して根気強く取り組む姿がみられました。

◎成果

・自分たちでデザインを考えたものが製品になることで意欲的な姿がみられ，主体的に製品づくりに取り組むことができました。
・一連の流れを経験してから分業することで，自分の役割を理解して責任をもって取り組むことができました。

●課題

・生徒の実態や特性により一人でデザインを考えることが難しい生徒への支援を考える必要がありました。

(2) バネ口ポーチ製品づくりの取り組みについて

　グループは3年生3名，2年生3名（女子6名）計6名で構成しています。この製品は，2年目に製作した巾着の工程を活かした新製品です。3年目に入り，製品の考案やデザインは生徒と一緒に取り組む場面が増えてきました。新製品の製作の流れは以下の通りです。

①試作

　製品の大きさやおおまかなデザインは複数の試作を見て生徒が考えました。その後，それぞれのコンセプトをもとに表地や裏地の布をデザインして試作しました。無地布と柄布の色や模様の組み合わせは，実際に布を合わせイメージしてから製作しました。

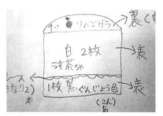
【生徒のデザイン企画表】

②話し合い・デザイン決定

　出来上がった試作品を見ながら，どのデザインで製品化していくか3年生を中心に話し合いました。表布と裏地の色合いを考える場面では，生徒から「似た色が入るとまとまりがでる」と意見が出ました。また，季節を考えて柄を選ぶ生徒もいました。

【生徒が製作した試作品】

③製品化

　話し合いの内容を考慮して，製品化するデザインを決定しました。製作は主に，前半部分の工程と後半部分の工程に分かれて取り組む分業制にしました。工程表を用い，生徒によっては見本を見て確認をし，正確な製品づくりを心がけられる手だてをとりました。試作の段階で全員が全工程を経験しているため，自分がどこの部分を作っているのか理解して取り組む姿がみられました。

◎成果

・生徒一人一人がコンセプトを考え，試作することで具体的なイメージをもって製品化に向けた話し合いを行うことができました。
・自分の試作が製品化されることで，生徒が意欲的に製作や販売することができました。

●課題

・試作の際，客層やニーズよりも自分の好みが重視されていた場面もありました。今後は客層を明確にして製品をイメージしたり，グループ以外の客観的な意見を取り入れたりしながら試作，製品化していけたら良いと考えます。

（3）ミニトートバッグ製品づくりの取り組みについて

　ミニトートバッグチームは3年生3名（男子1名・女子2名），2年生3名（女子3名）計6名で構成しています。どちらの学年も1年生のときからミニトートバッグ製作に携わっており，経験がある中でのスタートとなりました。

①1年目

　1年目の後半から，直線縫いを活かし，簡単な製作方法で進めることができるミニトートバッグづくりに取り組みました。手順表を使い，着実に製作しました。

②2年目

　2年目は生地の種類や組み合わせを増やしたり，クリスマスカラーを意識して配色した季節限定のミニトートバッグを製作したりしました。少しずつデザインを考える活動を取り入れたことで，生徒が意欲的に生地を組み合わせ，製作する様子が見られました。中には奇抜な配色で一般受けしない製品もあり，自分が良いと思うデザインではなく，お客さんが喜ぶデザインを考えていくことが大切だと感じた生徒もいました。

③3年目

　3年目はさらに新しいデザインの布を取り入れて製作し，また保冷シートを入れた保冷バッグも開発しました。製品開発にあたって，生徒がどのような製品が売れるかについて考え，お客様のニーズに合わせた布の組み合わせ，配色，レースやタグ等の装飾を考え，試作，話し合いを行いました。話し合いの中では自分の好みだけでなく，お客様の立場に立ったデザインを考えた意見も少しずつ出てきました。新製品は好評ですぐに売り切れたので，「たくさん作りたい」という思いで製作のペースを上げて取り組む様子がみられました。

【生徒の製作した試作品】

◎成果

・自分たちで製品を考えることで，製品製作の意欲につながりました。

・様々な布や素材を用いたことで，製品の幅を広げることができました。

●課題

・ 生徒が担当する工程，製品が増えた中で，正確性を維持することが課題です。

・お客様のニーズや好みのデザインを考えることが難しい生徒の支援を工夫する必要があります。

（4）手提げバック製品作りの取り組みについて

　グループは，３年生３名（男子１名・女子２名），２年生３名（男子２名・女子１名）計６名で構成されています。３年目を迎え，新製品を考えることになりました。

①試作

　昨年度まで巾着製作を行ってきたので，巾着型のバッグを作りたいという要望が生徒のほうから出てきました。メンバーが一人ずつデザインを考え試作しました。

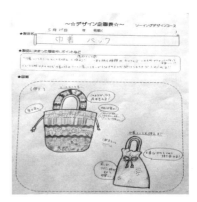

②話し合い・デザイン決定

　Ａ４サイズが入る大きさがどんな人でも持ちやすいし，需要があるという考えにまとまりました。また，作業着や体操服などたくさんの荷物が入る大きいバッグがあると良いという意見も出ました。現在の製品には男性用の物が少ないのでＡ４が縦に入る，カチッとしたバッグも製作することができると良いという意見が男子生徒から出ました。

③製品化

　試作し，コースに発表すると，「可愛い」「使いやすそう」「口が閉まるので大事な物を入れても安心」などの意見をもらうことができ，表布，裏布の柄合わせ・巾着の紐の色などを自分たちで選択し，製作をしました。

◎成果

・縦割りのグループ編成のため教え合いなどの中で，チームとしてのまとまりがみられ，意欲的に取り組むことができました。
・７月の販売会では，お客様の反応が良く，たくさんの製品を売り上げ，達成感を得ることができました。

●課題

・メンズ（男性用）のバッグ製作は行うことができなかったので，秋の学園祭の販売会に向けて製作を進めていきます。
・適材適所で力を発揮できるように製作工程を再考する必要性を感じています。

　どのグループも自分たちで考えた製品化で主体的に取り組むことができました。１年生は，簡単な製品づくりを通してミシンの使い方を覚えました。後期からは，グループの一員として製作を進めていきます。

5　3年間を振り返って　～できることから，コツコツと～

　開校当時，縫製経験のほとんどない教職員5名の構成で，使い方のわからない工業用・職業用ミシンが数台置かれた実習室を前に，不安でいっぱいの中でスタートしました。委嘱講師の方に機器の使い方を教えていただき，一喜一憂しながらミシンを触り，まずは教職員が使い方を覚えることから取り組みました。材料はデュアル実習先の会社から不要になった生地等をいただき，練習や製品づくりを行いました。

　開校当初1年生の学習内容は，簡単にできて役に立つと考え「トイレットペーパーホルダー」製作を行いました。生徒一人一人が生地の裁断から製作までの一連の流れに取り組み，返し縫い等の縫い方に苦戦しながら仕上げました。最後に刺繍を入れてトイレをきれいに使ってほしいなどのメッセージをつけて設置したときは，生徒も教職員もみんなが笑顔にあふれ，達成感を感じました。

　5月には，初めての大きなイベントである開校記念式典の記念品づくりがありました。ミシンの使い方をようやく覚えたばかりの私たちで，記念品としてどんな製品づくりができるのか悩みました。資料を持ち帰るためのエコバッグなら役に立つかもしれないと挑戦しましたが，初心者の私たちには薄い生地を扱うことが難しく，時間もなく断念しました。急遽，綿素材の生地でA4サイズのバッグづくりに変えて注文数をめざし，全員で必死になって作ったことを覚えています。今となっては縫い目や出来栄えが恥ずかしいほどの製品ですが，その当時は精一杯の内容でした。

　「市川大野らしい製品を！」を合言葉に，教職員で話し合い，試行錯誤しながらの毎日でした。悩みながらも，できることしかできないのだからと良い意味で開き直り～できることから，コツコツと～正確でていねいな仕上がりを意識して，質の良い製品づくりをめざして取り組んでいきました。

　2年目からは製品の改良を図り，より機能性の高い製品を考えて製品づくりを行いました。1年生が慣れてきた後期から2学年合同で製品ごとに分かれ，季節限定品づくりも行い，活動の幅を少しずつ広げていきました。

　3年目になり材料がある程度揃ったので，生徒と一緒に生地やパーツを選んで組み合わせを考える「デザイン」をようやく考える場ができました。上級生中心に販売会のお客様のニーズを考えて試作を行い，発表して全員の意見を聞いて改良を考え，製品化の流れで進めています。今までの経験を活かして応用しながら製品の種類を増やし，各自が「本校らしい質の良い製品だ」と誇りをもてるよう，正確でていねいな製品づくりを心がけて取り組んでいきたいです。

＊＊＊＊＊＊＊ 心と体の調和をめざす自立活動 ＊＊＊＊＊＊＊
～一人一人の自立課題や願いを大切に～

＊本校の自立活動

　生徒が学校生活や日常生活で直面する課題や悩み・願いを取り上げ，生徒自身が主体的に考え実践していくことができるよう，身近で体験的な学習活動を設定しています。具体的には，良い姿勢や身体づくり，感情への気づきやストレスのコントロールなど心理的な安定，話の聞き方・伝え方・相談の仕方などコミュニケーションの力，自他の理解や仲間同士の関係づくり，感覚を働かせることなどをめざしています。学年ごとの指導計画に基づき，週1時間の学級担任の指導を中心に，校内外での実習や他教科の活動と関連づけながら実践を進めています。

＊チェックリストで生徒自身が課題を把握し，支援につなげます

　実習では長時間の立ち仕事，体力が必要な作業や細やかな作業，あいさつや報告・連絡・相談の仕方など様々な体験をします。しかし，自分の感情や考え・ストレスの状態などを言葉で伝えることや，相手の表情や気持ちに関心をもつことが苦手な生徒は，不安感から学校生活に自信をなくすこともあります。そこで「自分を見直してみよう」というチェックリストを作成し，生徒自身が課題に気づくよう支援しています。チェックリストを活用しながら，教職員と相談をして目標や具体的な解決方法を考え，主体的に取り組むようにしています。目と手を上手に使う運動，深呼吸やストレッチの仕方，仲間づくりゲーム，こんな時はどうするかを考えるロールプレイ，適切な自己主張の練習，自己理解を高めるワークシートの作成・活用など生徒の実態に即し，具体的な手だてを取り入れています。

＊指導を進めるために心がけていること

　自立活動担当者が定期的に教材を紹介し，具体的な指導方法を説明し体験する研修会を設けています。自立活動に関心のある若手教職員の参加が増えてきました。貸し出し用の教材を使って授業を実践した担任からは，生徒の反応や変化の報告を受けたり，学級の実態に即して教材の活用方法を工夫し指導した実践例を聞いたりすることもあります。今後も生徒の実態や本校のニーズにあった指導方法を検討し，教材の選定を進めていく必要を感じています。

第3節　生活デザイン科
（2）染織デザインコース

1　コースの概要

　本コースは，1年生男子2名，女子10名，2年生男子3名，女子9名，3年生男子4名，女子8名で構成されています。「染め」「織り」「ミシン」グループに所属し，製品化するまでの工程を分業化しています。

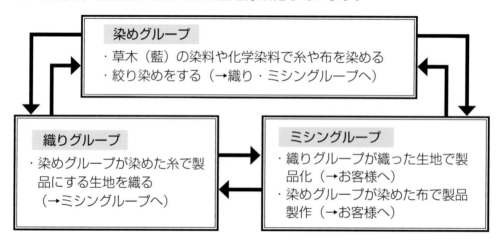

　「染め」の活動では，草木染めを中心に自然の草花の色を抽出し，糸や布などを染色します。「織り」の活動は，整経・筬通し・綜絖通し・機つけと準備から携わっています。また，配色から模様の位置などをデザインします。生地は本校独自の「大野帆布」生地織り，平織り（浮き織り・レース織り），綾織り，あじろ織りです。そして，ミシンで製品化です。織り生地の特徴とデザイン柄を活かした製品に縫製します。そのため，3グループが連携し，機能できるように各グループのリーダーが中心となり，販売会のアンケートや市場調査の結果をまとめたり，グループの情報を共有し合ったりして質の高い製品製作をめざしています。そして「デザインコンペ」を開催し，多くの方々の助言や要望に耳を傾け，デザイン考案や製作意欲につなげています。

　また，コース全体の傾向として「キャリアアセスメント」からは対人関係面の「あいさつや返事」「会話」，作業面の「集中力」の項目に課題がみられます。デュアル実習などの取り組みを通して労働習慣の定着を図りたいと考えています。

2　コースの目標
・染色，織り物の種類と方法に関する知識と技術の習得を図る。
・ミシン操作・縫製など製品の仕上げに関する知識と技術の習得を図る。
・デザイン考案，製品製作，販売活動などの一連の活動を通して習得した知識と技術を活用する。

3　（3）年間指導計画

	活動内容	
4月	染色に関する活動	織り・ミシンに関する活動
4月	＜糸染め＞」 ・染料の種類や染め方に関する基本的な知識の習得 ・草木染めなどの染織に関する基本的な知識の習得	＜生地織り＞＜ミシンで縫製＞ ・整経(せいけい)や綜絖(そうこう)通し・筬(おさ)通し・織り等に関する知識や方法の習得 ・ミシンに関する技術の習得 ・技術，知識を活かした製品製作
5月	＜販売会に向けた製品製作＞＜7月販売会＞	
6月・7月	・様々な染料による染色（草木・藍・シリアス・藍の生葉染め等）・型染め	・デザイン帳・色見本の活用 ・生地織りと製品化 ・製品の形や織り生地との配色考案
8・9月	＜学園祭に向けた製品の製作＞＜11月販売会＞	
10・11月	・染色の応用 ・型染め，絞り染めの応用 ・型染め，絞り染めのなどのデザイン考案	・学園祭に向けた製品開発 ・お客様アンケートを参考にデザイン考案と様々な織りの習得 ・縫製等の製品化に関する技術の習得
12月	・お客様アンケートの集計 ・お客様注文票の製品製作と納品と及び市場のニーズを調べ製作	
1月	＜販売会に向けた製品の製作・2月販売会＞＜デザインコンペ開催＞	
2月	・デザインコンペの開催 ・販売会に向けた新製品開発 ・糸染め，絞り染め，型染め	・デザイン考案　・デザイン帳作成 ・製品の形や織り生地との配色考案 ・縫製，仕上げ等の製品化
3月	・次年度に向けた取り組みとお客様注文の製品製作と納品 ・デザイン考案や新製品の開発・在庫の補充の製品製作	

4 質の高い製品をめざすための2つの柱〜染織デザインコースの取り組み〜

(1) 3グループのつながりを図るためリーダーが中心となって

　毎週1回各グループのリーダーが集まります。リーダー会議のねらいは各グループの進捗状況の確認と他グループへの材料の依頼など仕事が滞らないようにするための情報共有にあります。グループのリーダーが中心となって納品期日，必要な材料依頼などを話し合います。会議には2年，3年のリーダーが参加しています。お互いに仕事内容を披露し伝え合ったり，意見やアドバイスを出し合ったりする場でもあります。新色，新製品の提案もあります。

【リーダー会議で新製品を披露】　　【コース外の方々から審査・投票・助言をいただく】

(2) 「デザインコンペ2014」開催

　販売会を終えて話題に挙がったことは，「お客様アンケートと市場調査したことを活かそう」ということでした。年齢層別の配色の好みと組み合わせがあること，こんな製品が市場では人気であること等を話し合った結果，3グループの共通したキーワードは「デザイン」でした。

　そこで，デザイン力を高めるため，製品をコース外の方々に審査・投票・助言や意見をいただく「コンペ」を開いてみようと提案しました。

　自分の好みを優先するのではなく，アンケートや調査の結果を参考にした色合い，季節感を意識した配色など各グループがお客様目線を意識したデザインを考えることの必要性を実感できたことは収穫でした。

　新製品の開発と一人一人の技術の向上に伴い，デザイン考案は日々の欠かせない取り組みとなっています。

（3）染めグループの取り組み　～染料の特徴を活かして染色する～

　「染色する」ということは，糸や布に「色を移す」ということです。染料の特色や特徴を活かして染色しています。

　草木から色を抽出する草木染めは火力を利用します。煮出すことで色が抽出され自然色豊かな淡色です。色合いは優しく幅広い年齢層に評判です。すくも藍を使用する藍染めは，空気にさらし酸化することで発色し緑色から深みのある藍色になります。藍の価値を熟知している方や年配の方，男性の方には目をひく深みのある色合いです。藍の生葉染めは葉を摘み，絞った染液で染まります。清涼感のある瑞々しい空色です。化学染料染めはパステル調色です。カラフルな色が揃い，混色も可能で重宝します。

　いずれの染色方法も染料や媒染剤，または温度調節，染色時間によって染まり具合も変化しますが，染め方を習得することができました。染料の特徴を見極めて，綿，ウール，シルク，麻を染めて織りグループに納品をしています。

【カラーバリエーション豊かに】

　織りグループより「色の種類を増やしてほしい」という依頼がありました。

　そこで草木染めはコチニール，柿渋系，ハーブ系を取り入れました。淡色系から濃色を染色することができ，色の種類が増えました。

　藍染めは，濃紺の藍色から水色系を増やしました。化学染料染めでは，ダーク系のブラック，グレーを取り入れました。混色の特徴を生かして赤系でも赤に黒を混色し，エンジを取り入れました。また，同色でも染料と水の分量を調節して色の種類を増やしました。「人それぞれに好みがあるから色の種類が増えると選ぶのが楽しくなると思います」という声も挙がりました。

　そして，色のバリエーションを増やすことで織りグループのデザイン考案につながり，要望にも応えることができるようになりました。

【色の種類を豊富に】

　染料の特徴を活かし，カラーバリエーションを増やすことができます。染料や水の分量，媒染剤の使用等で色の濃淡を調整します。

（4）織りグループの取り組み　〜独自の織りの手法を開発「大野帆布」〜

　「機で帆布の生地を織る」ことをめざして１年目から試行錯誤が始まりました。経糸と横糸の糸の太さの選定から始め，織り方の技法を習得しました。筬（おさ）の打ち込み加減や板びを通す角度を何回も見直し，生地の硬さの修正も行いました。整経する糸の本数も従来の平織りの倍の糸を使用するため準備の労力も倍になりますが，ミスなく準備していくための方法も考えました。

　「帆布生地」の硬さの基準を設け，目の詰まり具合や手触りで生地の仕上がりの確認を重ね，織り目の詰まった丈夫な「帆布生地」が完成しました。

【デザイン帳を使用】

【正確に整経ができるための方法】

【デザイン考案から機つけまで一連の流れをマスターして】

　「デザインを考えてみよう」と配色に目を向けました。色見本やアンケート集計，カラーサンプル表を参考にして色の組み合わせを考えるようにしました。季節感や色の特色も考えて色鉛筆で描きイメージを固めます。デザインの理由も明記し，デザイン帳を作成しています。幅広の３本ラインなど単一な縞模様からチェック柄など様々なデザインが増えました。

　そして，整経（せいけい）→綜絖（そうこう）通し→筬（おさ）通し→機（はた）付けの一連の準備も自分で行うことをめざしてきました。デザイン画通りに仕上げるために糸の本数を計算し整経から始めます。自分の機で最後まで織り上げることで生地の質を意識できるようにもなり道具を適正に扱いこなし，技術の習得にもつながりました。

【デザインを考える】

【確認しながら綜絖（そうこう）通し】

（5）ミシングループの取り組み　～一人で全工程，最後まで責任をもって～

　生地の特徴と生地のデザインを活かし，一人が初めから最後まで担当した製品を仕上げます。最後まで一人で仕上げるということはその製品の全てを任されているという自覚をもって取り組む姿勢を身につけてほしいと思うからです。そのため，工程表を使用します。工程表には製作上のポイントや注意事項を記入するようにし，製作する際に役立てます。メモを見て再確認しながらミスのない縫製をめざすようになりました。

　製品数も増えたため，一人で3製品以上を担当するようにもなりました。

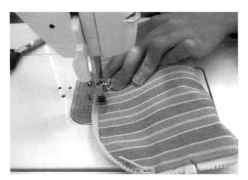
【縫製技術の向上をめざす】

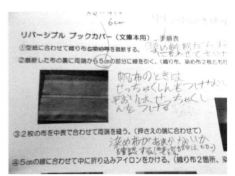
【製作のポイントをメモして書き込む】

製品の仕上がりを意識して完成度を上げる

　「仕上げた製品がお客様の手に渡る」「末長く愛用していただく製品を作る」ということを念頭に取り組んでいます。そのため，一人一人の縫製技術の向上がポイントになります。規格通りのサイズ，正確な直線縫いと曲線縫い，配色の考案，織り模様の位置，見た目のサイズ感，使い勝手の良さなどにこだわるようになりました。

　担当製品の完成度を上げるために，製作上のポイントを理解し，道具の適切な使い方なども含めて確かな技術の習得に努めています。○cm幅で縫う，柄を合わせる，縫う角度や位置を確認するなど細かい部分にまで目を向けるようになりました。また，糸染めや手織りの手間や労力を生徒同士で理解して，最後の仕上がりをより意識して製作するようになった生徒もいます。「いい色に染めてくれているし，きれいな織りだからやっぱりきちんとつくって喜んでもらいたい。」と気持ちを込めた発言が聞こえるようになりました。

　製品の精度向上をめざして縫製技術を磨いている日々です。

5 3年間を振り返って〜グループの連携を大切にしてデザインを考える〜

(1) 分業化してスタートした1年目

　染めグループ，織りグループ，ミシングループに12名が各々所属して分業化が始まりました。糸を染めて織りグループに納品する，その糸を機で織ってミシンで製品化する，という流れを組織化しました。そのためにはグループの仕事内容を明確にし，3グループの連携が必要だということを確認し合いました。また，各グループからリーダーを立て，リーダー会議を発足しました。

　3グループの連携，リーダーの役割，1人1工程の仕事の確立などコース運営の土台を築きました。

(2) 製品開発，そしてデザインに目を向けて取り組んだ2年目

　後輩が入り，24名になりました。人数が増え，機の数が増え，ミシンの台数も増え，環境が一変し，本格的な仕事場となりました。

　それに伴い，製品の種類を増やしました。ミシングループは小物製品から箸袋，文房具製品，ブックカバー，トートバックなど何種類か候補をあげ試作し，製品化しました。また，販売会後は製品開発を自分たちで行い，実用性のある製品づくりをさらにめざしました。

　そして，次に目を向けたのは「デザインを考える」ことです。「デザイン」を「配色」と押さえ，3グループの共通項目にしました。経糸，よこ糸の配色，織り生地と染め布の配色，染め方のグラデーションを考えました。

　また，「デザインコンペ」を開催し，製品部門ごとにより多くの方たちから助言をいただき，技術向上やデザイン考案のヒントを得る機会となりました。

(3) 各グループの取り組みの特徴を活かして活動の充実を図った3年目

　質の高い製品づくりは，常にめざすところです。そこで，各グループのこだわるべきところを活かして，染めグループは新色の開発，織りグループは新しい織り方の開発，ミシングループは新製品の開発の考案をめざしてきました。

　各グループの取り組みを深めることで，相乗効果が生まれ，質の高さを意識するようになりました。それは自分の仕事の役割を自覚してやるべき分担を責任をもって最後までやり遂げる姿勢につながってきました。

　取り組みを通して仲間同士の励まし合いや協力，先輩と後輩同士の話し合い，また，「もっと上手く作りたい。」など意欲や向上心などの自覚が芽生えた3年目です。

＊＊＊ 音楽祭の発表に向けた「器楽アンサンブル」 ＊＊＊

　開校１年目から開催している音楽祭。日頃の学習成果の発表，仲間の音楽を聴き合うこと，仲間と協力して音楽をつくり上げる喜びを目的に行っています。

○アルトリコーダーは苦手！音楽は好きじゃない！ステージで発表なんて緊張する！ギターはコードを押えられるかなぁ？と悩む生徒がチラホラ……。でもチームプレイだから，みんなで頑張らないと，いいアンサンブルができないし，最優秀賞も獲りたい。協力してひとつの曲を完成させなければ
○生徒のこんな思いから手だてを考えました。

○音符の順番通りの運指表　　　　　　　　図１
○がんばり表でセルフチェックと振り返り　図２
○２～３人のグループで練習　→　リーダーを中心に教え合う。それぞれの良いところや課題を伝え合った。

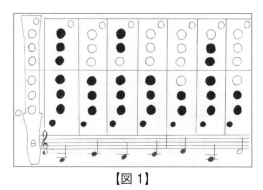
【図１】

【図２】

　悩む生徒も「これならできるかも？」と感じ，個々の課題をクリアすることで質の高いアンサンブルと自信が生まれることに気づきました。「自分の自信」から「自分たちの自信」となって，当日ステージ発表をすることができました。

第4節　流通サービス科

（1）流通コース

1　コースの概要

　本コースは1年生男子7名，女子1名，2年生男子6名，女子2名，3年生男子6名，女子2名の計24名で構成されています。

　「キャリアアセスメント」では，コース全体の傾向として，対人関係面で「あいさつや返事」「意思表示」，作業力面で「正確性」「作業速度」，作業への態度面で「質問・報告・連絡」「集中力」の項目で課題が残りますが，2，3年生は前年度と比較すると，「あいさつや返事」「作業の正確性」「質問・報告・連絡」で着実な成長がみられています。また，3年生は自分の特性や課題などがわかり，将来の希望をすり合わせ考えることができつつあります。自己を肯定的にとらえようとする姿もみられるようになってきています。1，2年生は自分の特性や課題などの自己認識はまだ難しく，将来の希望を自分の興味の範囲で思い描く生徒が多くいます。

　作業能力などの面では3年生は，簡単な指示書や口頭説明で作業ができる生徒が多く，事務用品を扱う力は繰り返すことで定着してきています。また，メモした手順を活用したり，教職員の助言から自分で考え，応用したりする姿もみられてきました。1，2年生は，まだ指示書や口頭説明のみで作業を行うことは難しく，具体物による見本や手本を手がかりに作業内容を理解する生徒が多くいます。事務用品を使う作業も経験不足と思われることが多く，様々な活動を通して，繰り返し使い方やていねいに作業するための留意点を伝えています。

　本コースでは，社会とつながることを目的に，事業所や地域団体からの外部受注を中心に活動を構成しています。そのため，長い期間，同一の作業内容で活動することが難しい状況にあります。作業能力が高い生徒は，様々な作業内容を行うことができるオールマイティーな力の獲得をめざし，過去の経験を応用しながら，仲間と協力して作業したり，作業速度や作業の意義を強く意識したりして作業ができるよう願っています。作業内容の変化への対応が難しい生徒に対しては，まず特定の作業内容のスペシャリストをめざし，今までに数多く経験している作業内容や得意な活動内容を作業に集中して，ていねいに最後まで責任をもって活動できるように取り組んでいます。

2 コースの目標
・商品管理，品出し，発送，事務処理等に関する知識と技能を習得する。
・パソコンや各種事務機器の操作に必要な知識と技能を習得する。
・印刷業務（校内・校外の会報やチラシ等）に関する知識と技能を習得する。

3 年間計画
下記の活動を年間通して行っています。なお，印刷・製本業務等は，ほぼ外注作業を行っています。

月	4月 ──────────────────────────→ 3月
管理業務	○校内備品　・新規備品の台帳作成　・期末の備品確認 ○事務室消耗品倉庫　・物品管理　・不足品発注依頼 ○校内自動販売機　・売上げ確認，不足品発注依頼，清掃など
印刷・製本業務	○名刺　○各種会報 ○パンフレット，チラシ　・催事や研修会　など ○会議資料　・職員会議，研修会 ○各種報告書　・研究紀要，研修報告書　など ○各種名簿　・会員名簿，参加者名簿 ○メモ帳　・社名，団体名入り　など ※依頼に応じ，データ入力やレイアウト作成，印刷から製本まで行う。
その他	○行事などの受付，案内 ○研修会などの会場設営 ○小型家電の分解及び分解後の部品仕分け 　・地域の清掃業協同組合から委託
デュアル実習	○A運輸　メール便配達。1年生が担当。週3日，生徒2名で実施。 ○B社　事務作業。2年生が担当。週1日，生徒1名で実施。

4 『働く力』をバランス良く育てるために　～流通コースの取り組み～
（1）基本はあいさつ
本コースへ仕事を依頼するお客様や学校見学をされた方，インターンシップ先から，本コースの生徒に対して「あいさつがしっかりできる」との評価をいただくことが多くあります。「あいさつ」は人として，また「ビジネスマナー」の基本です。卒業後の就労を円滑に進めるためにも在学中にしっかりと身につけておきたいと考えています。

本コースでは始業時に下記のようなあいさつ練習をしています。日直の言葉

の後に，全員で復唱するようにしています。「語先後礼」になっているか，「会釈，敬礼，最敬礼」のお辞儀の角度は正しいかなどの姿勢についても確認します。また，単なる反復練習にならないよう，教職員や仲間への報告・連絡・相談，校内電話での応答等，言葉遣いが練習どおりになっているかを確認しています。入学当初は格式ばったあいさつ方法に戸惑っていた生徒も練習を繰り返すうちに，お客様に対するあいさつや報告等がスムーズに正しくできるようになってきます。

　あいさつを含めた個人の態度やマナーが，学校（会社）のイメージの評価につながることを生徒に伝えています。

（2）行事などの受付・案内活動を通して

　上記のあいさつ練習を実際に活かす場として，学校公開や公開研究会，学園祭などで受付・案内活動を行っています。

―――― **話す時の基本用語** ――――

◆言葉をかけるとき
　おはようございます。
　お仕事中すみません。
　お世話になっております。

◆指示に対して
　はい，わかりました。
　すみません，もう一度お願いします。
　今やっている仕事がありますので，確認してみます。

◆退出するとき
　ありがとうございました。
　失礼いたしました。
　またよろしくお願いします。

◆相手をお待たせするとき
　少々お待ちください。
　お待たせいたしました。
　ただ今責任者を呼んできますので少々お待ちください。

◆注意されたとき
　大変申し訳ございません。
　申し訳ございませんでした。

　表情（目線，場に応じた表情）
　姿勢（手，足，背筋）
　言葉遣い（ていねい，表情を抑える）
　声の大きさ（相手に伝わる，さわやかに）

　学校公開や公開研究会では，玄関でのあいさつや下足箱への案内などの出迎え→受付での記帳案内や資料配付→控室への案内を分担しています。

　学園祭では来賓の『開かれた学校づくり委員会』の委員の方々に対して，各コースの活動場所を案内し，コースの取り組みについて説明をします。説明内容についてコース主任への聞き取りや効率の良い回り方を，仲間や教職員と相談しながら決めていきます。

　販売活動が少ない本コースにとって，これらの活動は役割分担により仲間と

必要なコミュニケーションをとる共同作業が実施でき，また初対面のお客様といかにコミュニケーションをとれば良いかを考えることができます。必然的にお客様に対する態度や言葉遣いなども意識するようになります。1年生はまだ硬い表情で行っていますが，学年が進むにつれ，自然と笑顔になり，身振りを含めた表情が豊かになるなど，快くお客様をお出迎えするという姿勢が身についてきました。

【学校公開受付の様子】

(3) 外部受注を中心にした活動

本コースは活動内容のほとんどを事業所や地域団体からの外部受注で構成しています。そのため，担当している作業が途中でも，他の仕事の進捗状況や，新たな外部受注の納期や内容により，今やっている仕事を中断し，新たな仕事に取り組んだり，ペアを組む仲間も日によって変わったりします。誰とでも協力して働くこと，その日，その場の仕事に応じて能率や手際を考えて作業することなど，様々な作業内容に柔軟かつ臨機応変に対応することが必要です。

【製本作業の様子】

また，外部受注は常に「お客様」が存在しますので「顧客への意識（受注，納品時のあいさつや連絡）」「時間（納期）への意識」「品質（依頼どおりの製品を作る）への意識」がもちやすく，評価も納品時に得られやすいため，次の仕事へのモチベーションの向上にもつながります。さらに，印刷や製本等にかかわる消耗品代金をお客様から受け取ることもあるので，商品とお金の流れを学ぶ機会にもなっています。

(4) 家電製品の解体と分別作業を通して

本コースでは平成26年4月より，市川市清掃業協同組合のリサイクル事業（市川市の事業を受託）と連携し，不要になった家電製品を解体し，部材ごとに分別する作業を行っています。市川市が回収したものや教職員・在校生から寄せられたパソコンや小型家電などの家電製品を解体し，貴金属やレアメタルが含まれる基板のほか，電池やプラスチック，鉄やアルミなど約40種類の素

材に分別し，納入します。

SDカードやパソコンのハードディスクには傷をつけてデータを破壊するなど，情報管理にも注意を払っています。

一日の作業の流れは，表のとおりです。始めの会では目的意識をもって作業に取り組むことができるよう，本時の目標を確認するようにしています。道具の確認も毎時間行っています。このことで，ドライバーの種類を覚え，整理整頓を含め

	生徒の活動
①	あいさつ
②	始めの会（作業の確認・目標）
③	道具や作業場所の準備
④	道具の確認
⑤	作業開始
⑥	作業終了
⑦	片づけ・道具の確認
⑧	清掃
⑨	終わりの会（報告・振り返り）
⑩	あいさつ

た道具を大切に扱う意識の向上をめざしています。作業中は，生徒各々に応じた取り組み時間の設定や分担を行っています。休憩は生徒の判断に任せ，「集中力が維持できるように」を観点に自分で適宜休憩をとることができるように支援を行っています。終わりの会で振り返りを行うことで，目標に対する取り組みや成果を確認できるようにしています。

解体作業は，「大解体」「小解体」「分別作業」に分担して行います。

「大解体」では，ドライバーを使って家電製品の外側についているネジを全てとり，大まかな部品ごとに分解します。	「小解体」では，大解体で分解されたものをペンチや特殊なドライバーを使ってさらに細かく分解していきます。	「分別作業」では，細かく解体したものを素材ごとに分別していきます。

「大解体」では，細かい作業を苦手とする生徒が，ドライバーなどの道具の扱いの練習や集中力を維持して活動することを目的として行っています。

「小解体」では，より細かく正確な作業力や複雑に組み合わされたものを工夫して解体していくための考える力が求められます。「分別作業」では，約70種類の部材を素材ごとの場所に仕分ける正確で素早い判断力を求められま

第4節 流通サービス科 （1）流通コース

す。分別作業で素材の種類がわかってくると，小解体での正確性が向上し，分別をしやすいように整理をしながら作業を行うようになりました。また，解体・分別作業を分担して行うことで，生徒の習熟度や課題に合わせて作業を選択できることや作業中の集中力の維持につながっています。同じ作業の反復により，習熟もしやすいと考えています。

【解体作業の様子】

　全体としては，解体・分別作業を通して，ネジの取り残しがないか，単一の素材になっているかを正確に確認する力，取ったほうがよいのかそのまま付けておいて良いのか（この判断を間違えると再生品としての価値がなくなる）の判断をする力，わからないときや迷ったときに相談したり仲間同士でやり方を教え合ったりするコミュニケーションの力，時間いっぱい作業に集中して取り組む力を育むことができます。

　この活動を始めた当初は，ネジの大きさに合ったドライバーを選択できずにネジ穴をつぶすことがありましたが，作業前の道具の確認を毎時間行ったことで，ていねいに解体ができるようになりました。また，「モニターの解体・分別」「パソコン本体の解体・分別」など解体物品ごとに単元を設定し，その期間繰り返し同様の作業を反復できるようにしています。回数を重ねるごとに解体や分別の正確さや速さが向上しました。

　作業環境面では，分別棚にはそれぞれの素材ごとの箱やコンテナがあり，写真による視覚的な支援も行っています。はじめは教職員と共に確認をしながら分別を行いますが，自分で判断ができるようになってきました。

【分別棚】

　今後も，本コースの特色を活かした様々な活動内容を通し，相手のことを考え，適切なサービスができる実践的な力を身につけられるようにしていきたいと考えています。

5　3年間を振り返って　～試行錯誤の日々～

　本コースは他の8コースと異なり，主たる活動の定義の幅が広く，何を主活動とするか，ということからスタートしました。

（1）本物の働く力をつけるために　〜「なんでも屋」として

　会場設営から資料作成まで様々な仕事をしてきました。良い意味で「なんでも屋」として，校内・校外の依頼者から様々な内容・期間の依頼を引き受けることで，柔軟かつ臨機応変に対応する力，短期間で任務を遂行する力，などが身についてきました。この力は卒業後に職場や地域社会で多様な人々とかかわり合って仕事をしていくために必要な力であると考えています。

（2）働く意欲を育てるために　〜精神面への指導・支援を通して

　本コースには些細なことで精神的な不安定さを見せる生徒が多くいます。物事に対して客観的な判断が難しく，自己中心的な態度をとることがあります。そこで自己肯定感など活動の意欲や人間関係づくりのもとになる気持ちを育んでいきたいと考えました。自己肯定感の要素となる自己認識と自己理解を育むことに留意して，主に次の4点について指導・支援を行いました。

　①つまずきや失敗，悩みを現実として受け入れ，解決をしていく方法を学習や経験から学べるようした。
　②不安定さが見られるとき，その場面での本人の態度や言葉を確認し，周囲にどのような影響を与えているのかを理解できるようにした。
　③自信をもてることがないことが自己肯定感の低い原因の一つであると考え，一つのことにしっかりと取り組むようにした。
　④不安定さを我慢することで，冷静な判断ができたり，仲間と良好な関係を築くことができたりすることを学ぶことができるようにした。

　今後も，専門教科の様々な指導場面を通じて，精神的な成長を促すことができるように支援していきます。

（3）地域とつながるために　〜外注作業を通して〜

　3年間の実践を通して，リピーターのお客様や紹介で製品依頼をされるお客様が増え，年間の活動を組織できる外注量を確保できるようになってきました。今後も依頼内容に応じた製品づくりを行うとともに，長期間，同じ活動が継続できる外注先や物流作業ができる外注先の開拓をしていきたいと考えています。

＊＊＊＊＊＊＊＊＊＊　地域の皆様との懸け橋　＊＊＊＊＊＊＊＊＊＊
アンテナショップ　～『Ohno ハンドメイドショップ』～

『Ohno ハンドメイドショップ』とは？

　もっともっと本校の製品について知ってほしい！そんな思いからアンテナショップ『Ohno　ハンドメイドショップ』がフードサービスコースの喫茶店「Natural Ohno」内に誕生しました。農業，園芸，メンテナンスサービスコースを除く，コース自慢の製品を取り揃えています（農業，園芸コースの製品はそれぞれの作業室や地域に出かけて販売しています）。販売は曜日ごとに各コースが担当し，できる限り生徒が携わるようにしています。

『Ohno ハンドメイドショップ』の魅力は？

　「Natural Ohno」では木工コースのテーブルやソーイングデザインコースのランチョンマット，窯業コースのコーヒーカップと販売している製品を実際に使用しています。陳列された製品だけでなく，実際に使用している様子を見て，「このランチョンマットがほしい」「テーブルのここを改良したものがほしい」とご注文をされるお客様もいらっしゃいます。口コミで知ったとご来店されるお客様もいらっしゃいます。

生徒にとって

　『Ohno ハンドメイドショップ』でのお客様とのかかわりは，言葉遣いやマナーなどコミュニケーション能力の向上につながります。また，お客様の感想を生の声として，新製品づくりの参考にしたり，製品がお客様の手に渡る過程を通して，製品づくりに対する意識の向上がみられたりしました。このことは年2回，地域の商業施設で開催している販売会同様，生徒たちにとって地域社会と接する貴重な機会となり，一人一人の成長につながるものと考えています。

【店内の様子】

第4節　流通サービス科
（2）フードサービスコース

1　コースの概要

　本コースは，1年生男子5名，女子3名，2年生男子4名，女子4名，3年生男子4名，女子4名，計24名で構成されています。全員が話の内容をある程度理解し，簡単なメモを取ることができます。コミュニケーション面では，報告についてはほぼ全員が行うことができますが，自信のないときに確認せずに活動を進める生徒が数名見られます。過度に緊張する生徒も多く，初めてのことや人，場面に対しては苦手意識があるものの，経験を積むことできちんと対応することができるようになってきています。

【クッキーの生地づくり】

　1年生は，あいさつ，返事，言葉遣いといった基本的な面が未熟であり，課題が多く見られますが，実践の場での接客や販売を繰り返し行うことで，少しずつ成長してきています。

　2年生は，正確性に欠ける部分があり，自分たちが学んできたことを1年生に伝えるというよりは，自分のやるべき事を再確認しながら確実に行うことを目標として取り組んでいます。

　3年生については，2年間学んできたことを，言葉で説明したり，手本を示したりすることで1，2年生に伝えようとする姿が見られ，周囲への気配りもできるようになってきています。

【パンの成形】

　主な活動内容は製パン，製菓，その調理のための下処理や洗浄，衛生管理等とパン・菓子販売や喫茶コーナーにおける接客サービス業務です。製パンでは，天然酵母パンと菓子パンを，製菓ではパウンドケーキ，クッキー，プリンを製造しています。製造と喫茶サービス（レジ，接客，ドリンク準備）だけでなく，曜日によってはデュアル実習も加わるため，固定ではなくシフト制で活動してます。

2 コースの目標

- 製パン,製菓を主とした食品加工に関する基礎的・基本的な知識や技能を習得する。また,安全や衛生に関する知識などを理解する。
- 製パン,製菓販売や喫茶サービスにおける接客のマナーや態度を習得する。

3 年間指導計画

月	4　5　6　7　8	9　10　11　12	1　2　3
1年	・パン・菓子製造の基本的技能を習得する ・接客サービスの心得を習得する	・学園祭に向けての取り組み ・喫茶コーナーでの接客サービスを習得する	・販売会に向けての取り組み ・アビリンピックに向けての取り組み
2年	・パン・菓子製造の基礎的技能を1年生に教える ・接客サービスを実践しながら1年生に教える	・学園祭に向けての取り組み ・アビリンピックに向けての取り組み	・販売会に向けての取り組み ・喫茶コーナーでの接客サービス向上のための取り組み
3年	・パン・菓子製造の基礎的技能を1,2年生に教える ・接客サービスを実践しながら1,2年生に教える ・オリジナルのパンや菓子の製作	・学園祭に向けての取り組み ・アビリンピックに向けての取り組み	・販売会に向けての取り組み ・喫茶コーナーでの接客サービス向上のための取り組み

4 地域に愛される店づくりへの歩み ～フードサービスコースの取り組み～

(1) 1年目 コースの始まり

　初年度のフードサービスコースでは，製造と販売を行う『Natural Ohno』の開店を目標とし，天然酵母パンを中心に，無添加で安全・安心な原料にこだわった製品づくりをコンセプトに生徒8名と教職員4名でスタートしました。
　年度当初にはオーブンなどの機材は揃っていたものの，道具や原材料の選定については，書籍などで情報収集をしながら手探りで進めました。近隣でレストランを営む委嘱講師に教職員研修を受けるようになってからは，製造法や原材料，業者などの様々な点で相談することができ，現在の製造の形態の基礎となりました。4月は，生徒の活動は座学を中心に行い，衛生面，基本的な製造手順，道具の使い方などを学習し，知識の定着につながりました。

(2) 生徒にとっての最初の課題

　5月からは，製パンと製菓の2つに分けて実際に製造を始めました。製パンでは，生地を扱うコツをつかむ感覚的な判断が必要とされ，製菓では，道具や計量，各工程の正確さが必要とされます。最初は，生徒8名が両方を製造していましたが，各製造の性質の違いや覚えることの多さで困惑する生徒の様子が見られ，製品の完成度にも影響していました。このままでは製品の質を高めるまでには時間がかかると考えました。そこで，生徒の個性や配慮すべき点を踏まえて，製パンと製菓の担当生徒を分担・固定し，効率的な製造技術の習得と製品の質の安定を図りました。これにより，着実に技術が身についていくことで，自分の役割がわかり，製品の質も向上していきました。
　一方，時間いっぱいの立ち仕事や気温の変化に慣れず，暑さで気持ちが不安定になる生徒もいました。休憩の回数やクーラーをきかせた教室でのクールダウン，クールネックの持参などで対処しました。また，集中しやすい作業を依頼したり，時間いっぱい続かなかった生徒のケアをしたりと，生徒の体力面と精神面に細心の注意を払って支援を行いました。

(3) Natural Ohno のオープンに向けて

　店をオープンするまでの製品は，生徒と一緒に本校教職員に販売しました。自分の作ったものが売れるのを目の当たりにし，活動の意義を感じていました。同時に，購入した教職員から製品試食のアンケートを取り，味の調整やメニュー

を試行錯誤し，製品開発に活かしました。

　衛生面では，デザイン室に入る前の身だしなみや手洗いだけでなく，衛生チェック表を事前に教職員に提示し，その日の体調の報告を習慣としました。また，正確な作業のための報告・確認，危険を防ぐための言葉かけ，指示の確認・返事などは，活動の意義を伝えて徹底するよう指導してきました。

　10月のプレオープンのころには，販売できるパンと菓子がつくることができるようになりました。ウッドデッキやカウンター，商品棚などを設置し，『Natural Ohno』が形になっていくことを喜び，意欲を口にする生徒の姿がありました。また，他コースの協力で，チラシや店前のプランターを整えることができました。チラシやホームページの掲載や近隣の回覧板で宣伝を行いました。

　学園祭では，予想以上のお客様が来店しました。生徒・教職員総出で大量の製品を作り，レジ打ちや袋詰め，商品補充などを分担して販売にあたりました。販売数が足りなかったことや，販売体制と生徒・教職員の不慣れなことから，お客様を待たせたことは課題でした。しかし，製品の売れ行きを目の当たりにした生徒はとても喜んでいたこと，混雑した状況を経験したことは『Natural Ohno』オープン前の良い経験となりました。

（4）『Natural Ohno』がオープンして

　11月にいよいよオープンを迎えました。製造，ホール，キッチンの3つにシフト分けして，ローテーションする体制をとりました。接客マナーや飲み物の出し方などは，教職員研修やデュアル実習，校外学習の飲食店を参考にしました。オープン当初の生徒は，緊張から接客の声が小さかったり，商品や金銭のやりとりに手間取ったりしていました。キッチンでは，ドリンクの作り方やホールとのオーダー確認のミスも多く見られました。授業時は，『Natural Ohno』を営業しているため，生徒全員での振り返りや注意喚起が難しく，その場で具体的に助言する個別支援が中心でした。そのため，生徒の実態やその日に見えた課題点などを，教職員間で情報共有することはとても重要でした。初年度は人手不足で，運営や支援に負担がありました。それでも他コースの教職員や保護者，お客様の理解と協力があったことと，何より生徒が前向きに取り組んでいたことでなんとか運営することができました。

（5）2年目　質の向上に向けて

　製造では，人数が増えた中で今までの安全・安心な製品づくりを継続するた

めに，人の動線を整理したり，道具の置き方や使い方を工夫したりするところからスタートしました。また，生徒たちも「報告・連絡・相談」を正確に行うよう心がけたり，お互いの仕事を見合いながら進めたりするようになってきました。

　お店では，日々の接客の仕事を続け，1年生は，初めは緊張していましたが，お客様に「また来るわ」「おいしい」などと声をかけていただくことで，少しずつ緊張がほぐれ，笑顔で対応できるようになってきました。また，2年生は1年生に接客の基本的な言葉遣いやお辞儀の仕方などを伝えたり，実際に接客する様子を手本にしてもらったりすることで，自分たちの接客を振り返る機会につながりました。さらに，より良いサービスでお客様に喜んでいただきたいという気持ちが芽生え，自分たちの接客についてお客様がどう感じているのかを知りたいと思うようになってきました。

（6）お客様の声を聞こう　～アンケートを通して～

　自分たちの接客を振り返るために，アンケートを作成し，来店されたお客様に直接接客の評価をしていただくことにしました。アンケートの作成では，どんな内容や様式にするか，ということから話し合いを始めました。そのときから，生徒たちはお客様のことを考え，「年配の方には数字での評価がいいのではないか」「自由に書ける欄をつくった方がいいのではないか」「文字の大きさは……」「質問の数は……」と積極的な意見を出し合い，作成にあたることができました。

　実際にアンケートを取る際には，なぜアンケートを取るのかということはわかっているものの，緊張から声のかけ方やタイミングなどを躊躇することが多く見られました。お客様がいらっしゃらないときにどのように声をかけるか練習したり，何人かのお客様にアンケートをとったりしていくうちに徐々に慣れ，促されることなく来店されたお客様に自分から向かう様子が見られました。

　アンケートの内容には，たくさんほめていただいている内容のものもあれば，細かくていねいに接客の様子を見ていただき，具体的に指摘してくださる内容のものもありました。また，接客の点だけではなく製品に関してもたくさんのご意見やご感想をいただきました。生徒たちはそれを見て，製造に関しては，種類をもっと豊富にしたい，おいしいといってもらえるために頑張って作りたい，という働く意欲につながっていました。接客についての指摘には，落ち込むのではなく，改善していかなければという気持ちをもつことができ，ほめら

れた点に関しては素直に喜び，また来てもらいたい，次はもっとていねいに対応しよう，というように前向きにとらえることができました。

（7）3年目　後輩の手本となることで高まる意識

　3学年が揃い，共に活動する中で2,3年生は先輩という立場から製造や接客に取り組む姿が見られ，自分たちが学んできたことを後輩たちに伝えようという意識が感じられるようになってきました。製造では，パンの計量を3年生が1年生に付き添いながらていねいに説明する様子が見られました。接客では，お客様の少ない時間帯に，3年生を中心に言葉をかけ合ってロールプレイングの接客練習を行っています。注文のとり方から提供まで，「ここはこうしたほうがいいよ」「言葉遣いは〇〇が正しいよ」と生徒同士で声をかけ合い，どうしたらお客様に喜ばれるかをお客様の立場で考えようとする姿も見られるようになりました。言葉遣いや対応の仕方があいまいで自信のなさが感じられる生徒も，日々の実践の中で後輩は先輩の姿を見ながら，先輩は後輩に教えることを通して接客や製造の向上が感じられました。また，普段の接客サービスの中で，なぜこのような対応が必要なのか，活動の意義を生徒同士で話し合う場面も見られました。常連のお客様には，「いつもありがとうございます」というような言葉をかけたり，おすすめの製品を紹介したりすることができるようになってきました。

（8）地域に愛される店づくりへ，アンケートのさらなる活用

　『Natural Ohno』では，月替わりのパンの販売やアンケートの実施，振り返りによる接客サービスの向上などの努力を重ね，3年目になり常連のお客様ができるようになりました。「生徒の笑顔の接客を見にきました」「Natural Ohnoのプチパンが食べたい」など，日々の実践の中でお客様から直接このような言葉をかけてもらえることは，生徒一人一人の意欲を高めています。また，口コミや学園祭などを通して新規のお客様も増えています。今後も製品や接客について生徒同士で話し合いをする時間を設け，生徒が主体的に運営する機会を増やし，お客様の声に耳を傾けていく姿勢を持てるようにしていきたいです。そのひとつとして，昨年度実施したアンケートの結果を参考に生徒主体で『Natural Ohno』の接客マニュアルを作成，一本化し，接客サービスの学習や，安定したサービスの提供のために活用できるものにしていきたいと考えています。そして一定の質が保たれた製品や接客サービスを提供し続け，地域の方たちに喜ばれ，愛されるお店になっていってほしいと願っています。

5　3年間を振り返って　～生徒と共に「おもてなしの心」で～

　開校初年度，パンや製菓の知識もほとんどなく，ましてや店を開店させるためのノウハウもない中，4月のスタートを切り，不安が無いと言えば嘘になります。1期生8名の生徒の顔を初めて見たときの彼らの希望に満ち，意欲にあふれた表情を目にすると「やるしかない」と思ったのも私だけではなくフードコース職員全員も同じ思いを抱いたと思っています。それから手こねでの天然酵母パンづくり，機械を使わず手仕事のみでのパウンドケーキつくりと製品づくの日々。先生方に試食してもらい「うん，美味しい」といってもらえた時の喜びは生徒，職員ともに本当に励みになったのを覚えています。開店に向けては一つ一つやるべきことをこなしていくのみ。平坦な道のりではありませんでしたが，生徒たちも一生懸命取り組んでくれたお陰で無事にオープンにこぎつけることができたのがまるで昨日のことのように感じます。

　開店に満足することなく，お店にたくさんのお客様が来ていただくためにはどうしら良いかを生徒と共に考え，とにかく製品の質と接客時の笑顔を大切に，ていねいな接客を心がけてこの3年間行ってきました。それが「おもてなしの心」であり，お客様の数が少しずつ安定してきているのはその成果の現れのような気がします。そして，お客様の笑顔と「美味しい」の一言が生徒や教職員の励みになっていることも確かなことです。また，「こういう接客のほうがいいよ」「こういう製品を作ったらお客さん喜ぶよね」など自分たちで考え始め，働く意欲や向上心へとつながっているように感じます。本コースにとっては製造も接客もどちらも大切で，なくてはならない仕事であり，生徒一人一人がなくてはならない存在だと思います。月曜日から金曜日まで10時から15時まで営業するのは口でいうほど簡単なことではありません。しかし，生徒たちの力，周囲の協力，そしてお客様がいらしてくれるからこそ成り立っているのだと3年間積み重ねてきて実感しています。

　2年，3年目と生徒数も増えその度に下級生に製造の仕方，お店の準備の仕方，接客の方法を教えるのは上級生の役目とし，教職員はサポート役に回ってきました。そうすることで下級生は上級生に対して「先輩のようになりたい」と尊敬し積極的に仕事に励もうとする姿が見られます。各自が自分の役割を果たし，自分らしさを失わず，自分たちで運営していく姿はキャリア発達そのものではないかと思います。現在の状況に満足せず，今後も地域の方々に足を運んでもらえるお店づくりを行いながら，一人一人の働く力を高めていきたいと思います。

＊＊＊＊ "Natural Ohno" のお客様は神様です！ ＊＊＊＊

　学校内の一角に開校初年度の11月27日に喫茶室をオープン！店の名前は生徒たちと一緒に考え，「原材料にこだわりを持ち，添加物，保存料なしで安心・安全な製品を作り上げていく（ナチュラル志向）」ということでこの名前にしました。この秋，お陰様で2周年を迎えます。

　その間に接客に関するアンケートを実施し，直接お客様の声を聞く機会を設け，今回は7月の3日間お客様の客層を把握するために簡単なアンケートを行いました。

　（アンケート結果）34名

（単位％）

来店回数	12	29	24	35
	週1以上	月1以上	初めて	その他

居住地	29	47	3	21
	近隣	市川市内	鎌ヶ谷市	その他

性別	82	18
	女性	男性

年齢	17	23	60
	40歳代	50歳代	60歳代以上

その他
・自然の味でおいしい
・生徒の対応が良い
・お総菜パンがほしい
・とても居心地が良い
・雰囲気も良い
・生徒の頑張っている姿に感動

【店内の様子】

　このように"Natural Ohno"は地域の皆様に支えられ，温かく見守っていただいていることで毎日営業できています。梨畑の真ん中にある学校の喫茶室にオープンした2年前はお客様が訪れるのか不安に思いました。今では，お客様の口コミのお陰で新規のお客様が後を絶たないほどになりました。本当に「お客様は神様」なんですね！

第4節　流通サービス科
（3）メンテナンスサービスコース

1　コースの概要

　本コースは，1年生男子6名，女子2名，2年生男子6名，女子2名，3年生男子6名，女子2名の計24名で構成されています。多くの生徒は言葉で指示を理解し，必要に応じてメモをとることができています。雑巾から難易度の高いポリッシャーまでの様々な清掃用具の使用方法を学んでいます。また，刈り払い機を使った除草作業などを行い，活動は多岐にわたっています。

【大小様々な用途に応じたポリッシャー】

　コースの方針は，清掃技術の習得とともに「快適な空間を創造するコース」をモットーとして，質の高いサービスとは何かを清掃活動を通じて生徒と一緒に考えることを心がけています。整理整頓，環境美化に気を配り，安全面を第一優先とし取り組んでいます。

　清掃活動においては，活動中における他者への安全面の配慮，活動の効率化，役割分担，責任の明確化を大切にし，指導にあたっています。そして，一人一人が汚れたところや活動すべきこと，安全性について，気づきの心をもち，誇りややりがいをもって取り組めることを大事にしています。

　3年生は，「キャリアアセスメント」からも「勤労意欲」の高さがうかがえ，最高学年としての自覚とともに勤労意欲が高まり，後輩への技術面の伝達においても自信をもって行うことができています。これもひとえに一通りの清掃技術を身につけたという自信と誇りをもって活動に取り組めているためです。そして，「作業速度」，「正確性」に向上がみられました。しかし，時間を意識しての活動の切り替えについては課題点であり，今年度はタイマーを活用し時間を意識して活動に取り組んでいます。

　2年生は，「キャリアアセスメント」から，「勤労意欲」はあるのですが，「作業力」の面では，「集中力」が低い傾向がありました。素直でまじめな生徒が多く，1年間の活動で清掃の知識や技術を習得することができてきています。

1年生の後半には上級生になる意識も芽生え,「責任感」が出てきました。

　1年生は,入学当初,雑巾の絞り方もわからなかったのですが,清掃の基本を一つ一つ繰り返しました。道具の使い方を覚え,安全を第一に考え,より効率的にコースとして準備・活動・片づけができるように,意識しながら日々励んでいます。現在では道具を正しく使用できるようになってきました。

　3年目は,技術面だけではなく,"サービス"という視点から清掃を考え,おもてなしの心を大事にした活動ができるように授業づくりをしています。また日々の活動の中で生徒の主体性が育つように支援しています。

2　コースの目標
・清掃で扱う各種用具,機械の操作に必要な知識と技能の習得
・植栽の管理等で使う各種用具,機械の操作に必要な知識と技能の習得
・植栽管理等でコースが使用する花壇等の管理
・メンテナンス実習を通した接客に関わる望ましい態度の習得

3　年間指導計画

4　ホップ・ステップ・ジャンプ〜メンテナンスサービスコースの取り組み〜

（1）清掃の基本的な技術とサービスを学ぶ

　開校1年目，メンテナンスサービスコースの実習室には，真新しい清掃機具やカート等が配置されていました。生徒たちは緊張の表情を浮かべながらも期待に満ちていました。最初の授業は雑巾の絞り方から始めました。4月は，雑巾の使い方を中心に清掃の「基本」を覚えました。また，座学を取り入れて「洗剤の知識」など，清掃の知識を学びました。そして，「快適な空間を創造するコース」という本コースの精神を伝え，清掃の技術と共に「サービス」を学んでいくことを生徒たちに伝えていきました。

（2）開校式典のために体育館をきれいにする

　実習室で一番目立つ清掃機具はポリッシャーというフロアを清掃する機具です。5月に入り，ポリッシャーの練習を始めると生徒たちに伝えると表情に再び緊張と期待が浮かびました。練習場は広い体育館。フロアは以前に高校だった時からそのままの状態でした。7月には，体育館で開校記念式典があります。きれいな体育館で式典を行えるように，毎日ポリッシャーがけに励みました。繰り返すうちに，安定して操作ができるようになりました。8人で役割分担して体育館の床すべてにポリッシャーをかけ，その後はワックスをかけました。暑くなる時期でしたが，体育館を磨き上げた達成感から，生徒たちの顔には自信がうかがえました。

（3）学園祭で本コースらしさを出すには

　11月に初めての学園祭が近づいてきました。本コースは他コースのように販売する物がないので，学園祭に向けて「製品づくりを頑張ろう」のようなテーマを掲げることができません。どのような単元を行うのかを生徒と共に考えました。年間指導計画に沿って，トイレ清掃を覚えることを単元の中心に据え，当日は清掃を教えるコーナー，清掃関連のゲームコーナー，日々の活動を紹介するコーナーの3つを企画することにしました。お客様が来校するので，「トイレをきれいにする」，「お客様に喜んでいただく企画を行う」という活動の意義を少しずつ意識して取り組みました。日頃，お客様と接することが少ないコースなので，学園祭への取り組みは有意義なものとなりました。

（4）協力することを目標に

1月は，1年間のまとめの時期になりました。個々の技術の向上だけでなく，仲間と協力して活動することも大切にしてほしいと「剥離作業」を行いました。フロアの汚れたワックスを溶剤で溶かし，水洗い，モップがけ，ワックス塗布という多くの手順があり，役割分担が必要な作業です。今まで自分の技術の向上を第一に思っていた生徒も，仲間と協力することがなければ成し遂げられない作業があることを知りました。

（5）2年目のスタート時に悩む

1年目を終えて，基本的な清掃技術を習得することができましたが，作業へのモチベーションを上げることの難しさにぶつかりました。本コースは「製品づくり」のコースではないので，「○個売れた」等，明確な結果として表れません。どのように生徒たちの意欲を高めていくかを考えました。そこで，2年生は，校内の特別教室やトイレなどをそれぞれ1箇所ずつ担当し，毎回清掃に取り組むという「日常清掃」を実施することにしました。最初は担当の場所を淡々とこなすだけのように見えました。モチベーションを上げることをねらって清掃箇所に「清掃責任者」のネームプレートを掲げるなどの工夫をしました。回数を重ね，清掃に慣れ，だんだん時間内に終えることができるようになると自信や責任感が感じられるようになりました。

【清掃責任者のネームプレート】

（6）1年生と共に清掃を教え合う

2年目は，2学年が一緒に活動する単元を年間で4回設定しました。単元「清掃検定」は，縦割りのグループ編成をして，個人の清掃技術の向上と共に技術を教え合うことを目標にしました。ビデオを見て練習したり，グループの仲間とアドバイスをしたりしながら取り組みました。その結果，千葉県障害者技能競技大会のビルクリーニング部門で2年生が銀賞・銅賞を受賞，千葉県清掃検定では出場した1年生6名，全員が銀賞受賞という好成績を収めることができました。2年目は仲間と協力して活動する姿が見られたので，次年度は，仲間と協力して課題解決をめざすような活動を計画したいと考えました。

（7）3年目は課題解決力を育むために

　3年目に入り，2，3年生は一通り技術を身につけ，自信や責任感が見られるようになりました。次のステップとして，自分たちで課題解決をめざす活動ができないか，と設定した単元が「プロジェクトM」です。（Mは「メンテナンス」の頭文字です）

　生徒たちが見つけた「清掃が必要な場所」を，生徒たちが立てた「清掃計画」に基づき，生徒たちで清掃を「実践」し，必要に応じて生徒たちで計画を「修正」しながら，清掃を進めていくというものです。生徒たちの力で「やり遂げる」経験をすることで，自信につなげたいというねらいがありました。

【汚れのチェック】

　活動は4人という小グループで行うことで，一人一人が役割を果たさなければならない状況をつくりました。また，グループ編成にあたっても，例えば意見を出すのが苦手な生徒を同グループにして，それぞれが意見を出す必要性をつくるなどの工夫をしました。それぞれが「なくてはならない存在」として活動し，協力して作業を進めてほしいという願いがありました。

　まず，校内の見取り図を持って，校内を回り，集中して清掃したほうがいいと思われる場所を探しました。そこで「廊下」「壁」「トイレのコーキング」「除草」の4つの活動が選ばれました。生徒の希望と先に挙げた編成の留意点をすり合わせて，グループを編成しました。

　グループでは，まず「計画書」を作成しました。その際に，活動の日程表を提示し，見通しをもてるようにしました。そして，20分という時間でどれだけ清掃できるか確認する「試験清掃」を行い，活動計画をより具体的なものにしました。活動後は振り返りの時間をもち，「良かった点」「改善点」を挙げました。生徒一人一人が発言し，伝え合うことで，個々の意識の高まりが感じられるようになりました。

　単元の中盤では，他のグループの活動を見る相互見学を行いました。一緒に活動している仲間の良いところを見る機会はありますが，他のグループの頑張っている様子も見てもらいたいと考えたからです。見学にあたっては「アドバイスシート」を用意し，「クレンザーはペースト状にしたか」「モップで拭き残しはないか」など評価の観点を示しました。アドバイスシートに記入しながら見学することで他のグループの良いところを見つけることができました。ま

た，自分たちのグループへのアドバイスシートを読むことで，他者評価を知る機会を持つことができ，モチベーションにつながりました。

中間報告会や最終報告会では，お互いの活動の様子を報告し合いました。清掃前と後の写真を比較するなど自分たちの活動をまとめることで，自分たちの活動に自信を持ってほしい。さらには，他のグループもまた頑張ったことを知り，メンテナンスサービスコース全体としての誇りを持ってほしいという願いがありました。

【壁清掃を見学】

実際に，他のグループとたたえ合う様子が見られました。この単元を通して，「指示待ちだった生徒が自ら行動できるようになった」「時間を意識して活動できるようになった」「依存しがちな生徒からも『自分でやろう』という気持ちが感じられた」「お互いに声をかけ合って確認する習慣ができた」などの変容が見られました。特に3年生は，言葉遣いが課題だった生徒がていねいな言葉遣いで指示を出したり，引っ込み思案だった生徒が自分の意見を発表するようになったりと，大きく成長が見られました。

本校は全てのコースで「作業工程別評価基準」を設定し，高品質な製品を提供できるようにしています。本コースでも，「作業工程別評価基準」をベースに生徒が使用する「セルフチェックシート」を作成しました。「クレンザーはペースト状にする」「モップで拭き残しはない」といった評価基準を全て満たすことが，より高品質な清掃であるということ。それが，お客様に喜んでいただくことのできる，より高いサービスにつながるということまで意識できるようになってほしいと考えています。あいさつや言葉遣いもまた快適な空間を提供する一つであるという意識や，清掃によってきれいに保つこともサービスであるという意識を，3年生からは感じられることもありますが，まだ1, 2年生はそこまで至っていないのが現状です。

【コーキング作業】

3年生が1・2年生に対してサービスについて学び合えるような仕組みを考えたいと思います。

そして今後は，お客様にアンケートをとるなど「サービスの向上」という意識をもっと強く持つことができるように，働きかけていきたいと思います。

3年間を振り返って〜Human being is a thinking reed 〜快適な空間を創造する

　本コースで取り扱う内容は，従前の清掃（ビルメンテナンス）だけでなく，剪定，ガーデニング，コーキングなど多岐にわたります。これは開設準備室からの引き継ぎと共に，学びの経験がライフキャリア全体に役立つと考えたからです。そして，相手のことを考えて行動をすることをサービスとして捉えました。
「快適な空間を創造する」は，開校年度より掲げているモットーです。利用する人（お客様）に最高の環境を提供するためには，習った通りのことだけ行うのでは不十分です。「創造」としたのは，自分なりの考えに基づき，相手を思い，行動してほしいためです。コースではこの「考える」ことを大切にしています。日々の活動でも，自分なりの意味づけやプロセスを確認します。これを３年間積み重ねると大きな力となります。また，報告・連絡・相談（ホウレンソウ）を行うことにより，技術を身につけることや，「本物の働く力」が身につくと思います。
　１年次は「基礎」を学ぶ時間をつくりました。基礎は座学と実際の清掃により培います。開校年度は「早く応用を教えてほしい」という声が多方面からありましたが，基礎は正しく活動するための根本で，これがないと本校での清掃方法がブレてしまい，高品質のサービス（快適な空間）を提供することができません。２年次からは「日常清掃」を行いました。卒業まで４箇所の清掃場所を毎回１時間取り組みます。継続して行うことにより，前回との細かな相違にも気づいたり，責任感を養ったりすることができます。最終的には「自分がいない→快適な空間を創ることができない→なくてはならない存在」ということに気づくことができます。また，コースとして「協力・安全」は大きなテーマです。１月から行う「剥離作業」では，溶剤の取り扱いから言葉かけ，特殊な道具の使い方を総合的に学びます。これらを行うことにより快適な空間を提供でき，お客様から「明るい教室」「きれいな場所」と声をかけてもらえたことは，良い動機付けとなっています。
　清掃（ビルメンテナンス）を行うに際して検定を行うことも大切な活動です。清掃はともすると，技術や速さが注目されがちになります。しかし，検定に向けて生徒と一緒に目的・目標を考え，そこに到達するために邁進するプロセスと，最後に得られる自他による賞賛が今後のやる気や自己肯定感の育成つながると思います。３年間を通して協力や責任や考えることを学ぶことにより，多くの生徒に仕事を集中して行う力や楽しんで活動に臨む姿を見ることができました。今後はさらにサービスを学ぶべく，取り組んでいこうと思います。

地域とのつながり編

＊＊＊ 地域の方とのふれあいから サービスの精神を学ぶ ＊＊＊

　メンテナンスサービスコースでは，「日常清掃」と称して，校内のトイレや特別教室などを1人1箇所担当し，毎回1時間かけてきれいに保つ活動をしています。自分の担当箇所をもって活動することで，責任感や自信を育むというねらいがあります。

　校門前の落ち葉掃きや花壇の手入れも，本コースの生徒が日常清掃として行っています。花壇の花は，本校園芸コースの生徒が育てたものです。清掃中，本校へのお客様の車がくれば，お客様が車から降りる必要のないように，作業の手を止めて，門扉を開けたり閉めたりします。担当の生徒は恥ずかしがりやのところもあるのですが，まわりの人や車に気を配りながら，作業に取り組んでいます。

　花壇の手入れをしていると，近隣の方とあいさつを交わすことも少なくありません。　ある日のことです。サングラスをした女性が近づいてきて，お花を見ながら「まぁ，きれい。」「黄色，紫色，…。いろいろな色があるわねぇ。」と声をかけてくださいました。聞くと，目の手術をした後，初めて外に散歩に出たとのこと。手術のおかげで，鮮やかな花の色を見分けることができるようになったと喜んでいらっしゃいました。自分の手入れしている花を見て喜んでくださっている姿に，横で作業している生徒もちょっぴり誇らしげでした。

　清掃の技術を学んでいる本コースは，校内で活動していることが多く，外部のお客様に接することがほとんどありません。製品が〇個できた，〇個売れたといったわかりやすさがないため達成感を得にくい側面があります。お客様に喜んでいただくという「サービスの精神」を学ぶことが難しい面もありますが，清掃によって環境を美しく保つこともお客様に喜んでもらえることを知り，そのことによって活動の充足感を得てほしいと願っています。

　今回，地域の方が何気なくかけてくださった言葉でしたが，自分の手入れしている花を喜んでくださっている方がいることを知った生徒にとって，大きな励みとなり，ますます意欲的に活動に取り組むようになりました。地域の方とのふれあいから，サービスの精神を学ぶことができたのです。校内での活動だけでは得られない貴重な体験で，とても有難いことだと思いました。本校を支えてくださる地域の方の存在の大きさを改めて感じた出来事でした。

第2章 授業づくりのあゆみ

　第2章では，開校初年度から3年目までの研究の取り組みをまとめました。研究の概要と1年目から3年目の取り組みの4部で構成をしました。

　研究の概要では研究主題の設定理由について述べました。開校当初，ゼロから授業を作り上げていくときに道しるべとしたのは本校の教育目標です。どのような学校づくりをめざしているのかを把握し，教育目標を実現するために本校の研究の意義があると考えました。研究を授業づくりと捉え，その第一歩として，一番大切にしたいことを研究主題に掲げました。

　1年目から3年目の取り組みでは，年度毎に重点目標を掲げて取り組みました。全校で研究の取り組みを共通理解すること，各コースで授業実践をすること，この2つを結びつけるように努めました。年度の途中に，授業研究会や全校研究会などで実践の成果と課題を整理し，全校で確認をしました。ひとつずつ積み上げた成果を大切にして，できるところから授業改善を進めました。ここでは，重点目標毎に全校の取り組み，各コースの取り組みと分けて，整理しました。

第Ⅱ部 第2章 授業づくりのあゆみ

第1節 研究の概要

学校教育目標と授業づくり

1 研究・研修の目的

◎本校の教育目標を実現するために，教職員及び学校としての実践的・専門的力量を高める。

教育目標

> 教育目標 「本物の働く力を育み，笑顔輝く生徒の育成」
> ―すべての生徒の企業就労と豊かな社会参加の実現をめざす―

2 研究主題について

> 生徒一人一人のキャリア発達を大切にした授業づくり

（3カ年計画）

【研究主題設定理由】

○ 本校の教育目標を実現するために

　研究主題は，本校の教育目標から導いてきました。職業に関する専門学科を設置した本校では，卒業後の社会的・職業的自立に向けて，「働く力」を十分に伸ばしていきたいという願いがあります。また，生徒たちが「今」を大切にして，楽しく充実した学校生活を送ることを目標に掲げました。一日一日の満足感が卒業後の豊かな生活につながると考えました。本校が「キャリア教育」を推進していく原点がここにあります。

○ 授業づくりの第一歩として

　授業づくりにおいて，第一に生徒一人一人を大切にし，実態に応じた支援を実践したいと思いました。その際に，何を大事に授業づくり行うかを「キャリア教育」の視点で考えました。

キャリア教育

> 一人一人の社会的・職業的自立に向けて必要な基盤となる能力や態度を育てることを通して，キャリア発達を促す教育

（「今後の学校におけるキャリア教育・職業教育の在り方について」H23文部科学省）

キャリア発達

> 社会の中で自分の役割を果たしながら，自分らしい生き方を
> 実現していく過程

(「今後の学校におけるキャリア教育・職業教育の在り方について」H 23 文部科学省)

○ 授業づくりでは，生徒のキャリア発達を大切にし，どのようにすればキャリア発達を促すことができるのかを研究主題にしました。
○ 研究主題は，3学年揃う3カ年計画とし，本校の授業づくりの基盤をつくり上げていきたいと考えました。

3　研究の進め方

○ 9コース共通の年間重点目標を設定
　→ 重点目標に沿って9コースで授業実践
○ 全校で研究の進め方，経過を共通理解する場を設定
　→ 全校研究会（4月，5月，8月，12月）
○ 授業研究会・公開研究会を開催し，授業づくりの成果と課題を整理
　→ 研究についてご助言を受けるために研究統括アドバイザー，4学科毎に講師を招へい

＜講師＞

研究統括アドバイザー	東洋大学名誉教授	宮﨑英憲　先生
園芸技術科	淑徳大学教授	澤口英夫　先生
工業技術科	千葉県総合教育センター 主席研究指導主事	國井光男　先生
生活デザイン科	元千葉県立柏特別支援学校	西　英美　先生
流通サービス科	淑徳大学教授	加藤　哲　先生

4　研究の組織

　全教職員が授業づくりに参加し，指導・支援方法を共通理解し，組織的に取り組むために，研究の組織づくりを進めていきました。

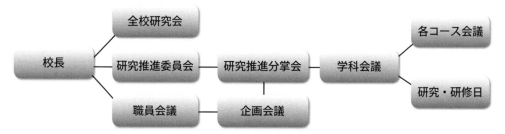

5　研究会の計画

5月	全校研究会	・研究統括アドバイザー来校　授業参観，講評，講演 ・今年度の研究について報告
7月～8月	夏季研修	・（現職研修）キャリア教育，発達障害，ビジネスマナーなどについて ・（コース研修会）事例研究会「キャリアアセスメント」の見直しなど
11月	授業研究会 園芸技術科 工業技術科 生活デザイン科 流通サービス科	・学科講師来校　授業参観，講評 ・授業について協議会
12月	全校研究会	・研究の経過報告
2月	公開研究会	・授業，デュアル実習公開 ・研究統括アドバイザー，各学科講師来校 ・分科会・シンポジウム・講演

第2節　1年目の取り組み
～キャリア教育の土台づくり～

　開校初年度はゼロからのスタートということで，研究主題においてサブテーマを設定して取り組みました。本校の教育課程の中心に位置づけられている専門教科に視点をあてて取り組むことにしました。

> （サブテーマ）
> 　　　　～職業教育を主とする専門教科に視点をあてて～

　また，9コース共通の重点目標を設定し，授業実践を進めることにしました。

1　重点目標

> （1）キャリア発達について全教職員で共通理解をしていく。
> （2）生徒一人一人のアセスメントを的確に行い，授業づくりに活かしていく。

2　全校の取り組み
（1）キャリア発達について
　○　全校研究会（5月）

　授業がスタートして，約2ヵ月が経過した時期に研究総括アドバイザーをお招きし，各コースの授業を参観していただき，授業についてご指導をいただきました。キャリア発達を促すために，全校で共通した課題は以下のとおりです。

課　題	改善策や方向性
○生徒一人一人の支援の充実	・「キャリアアセスメント」を見直し，生徒の目標，手だての共通理解を図る。
○製品（サービス）の質の向上 ○生徒が自分の仕事を自己評価できるツールの開発	・全コースで製品評価基準表の作成。
○生徒の今できることから，ここまでできる見取りを行い，将来のイメージを生徒自身が描くことができるようにする。	・自己理解→自己選択→自己決定ができるような支援を行い，生徒が主体的に自分の将来のイメージを描くことができるようにしていく。 ・「夢プラン」（仮称）の作成を検討。

○　授業研究会（11月）
　全校研究会の課題を受けて，生徒一人一人の支援を見直したり，全コースで生徒が自己評価できるように「製品評価基準表」を作成したり，主体的に活動できるように手だてを講じました。11月の学園祭に向けた取り組みのころから生徒たちに変容がみられました。各コースからは生徒が自分の役割がわかり，意欲的に取り組む姿が報告されました。授業づくりで大切にしたいことがわかり始めてきました。

キャリア発達を促すために大切にしたいこと（授業研究会までの成果）
○　キャリア発達を支援する教育が求められている背景やなぜキャリア発達の視点が必要か，その意義を夏季研修などで学ぶことができた。
○　授業づくりにおいては，生徒の願いや主体性を大切にすることを基盤にし，生徒が「やりたい」と思える活動，生徒が「できた」と思えるような，本人にとってわかりやすい評価，生徒の「願い」を大切にした授業を進めていくことにした。
○　教職員は生徒が役割や活動の意義がわかるような活動内容を設定したり，主体性を育むための環境調整を行ったり，PDCAサイクルを大切にするようにした。
○　生徒は活動を振り返ることで自己評価したり，次の目標を立てたりすることが期待できると考えた。振り返りを大切にし，積み重ねていくと生徒のキャリア発達が促されるのではと考えた。

キャリア教育，キャリア発達を進めるための課題
　授業研究会では授業づくりや今後の学校づくりの在り方に話しが及ぶとともに全コースに共通する課題も以下のとおり見えてきました。

課題	改善策や方向性
○職業教育の在り方を検討する	・単元（題材）目標の見直し
○質の高い製品（サービス）をめざす	・効率を考えた手順や姿勢の改善
○全コースで共通して取り組むことは何か	・めざす姿の共通理解 ・学科，コースのコラボレーション
○地域に根ざした学校づくり	・アンテナショップの立ち上げ

授業研究会までの取り組みの成果と課題から，生徒のキャリア発達を支えるためにめざす姿を設定しました。

めざす姿　：自分の役割や活動の意義がわかり，主体的に活動する姿

（2）　生徒一人一人のアセスメントについて
　的確な実態把握を行うためにアセスメントの方法を検討し，以下のように位置付け，活用しました。
①本校では，生徒の「働く力」の指標として「就労支援のための訓練生用チェックリスト」*を活用し，キャリアアセスメントと称することにした。
②キャリアアセスメントは客観的に評価するものであり，実態を把握するのみでなく，課題やニーズを明確にし，目標を立て，手立てにつなげるものであると捉えている。就労するための判定ツールでなく，支援のためのツールとし，作成は担任がコースの教職員から意見を聞き，記入する。
③キャリアアセスメントは個別の教育支援計画とリンクし，インターンシップでの生徒資料となり，実習評価票とも関連づけて活用していく。
　　＊　「就労支援のための訓練生用チェックリスト」‥　出典　独立行政法人高齢・障害者雇用支援機構　障害者職業総合センター

3　各コースの取り組み

　全校研究会で今年度の研究の重点目標について確認し，夏季研修を受けてキャリア発達を促すために大切にしたいことや3つのキーワードを全校で共通理解しました。各コースの取り組みの一部を紹介します。
＜3つのキーワード＞

○　自分の役割がわかる ○　活動の意義がわかる ○　なくてはならない存在と気づく

（1）キャリア発達について

- 生徒1人1工程を担当し，できる状況づくりを心がけた。（染織デザインコース）
- 一般のお客様にパンを販売するようになり，作る意義がわかり，サービスを意識するようになってきた。（フードサービスコース）
- 繰り返すことで活動内容がわかり，自信を持って自分の工程を行うことができた。自分の分担だけでなく，前後の工程まで意識できるようになった。（ソーイングデザイン コース）
- 作業内容をメモし，グループのリーダーを決めて取り組むことで，自分の役割や活動を自覚して取り組めるようになってきた。（園芸コース）
- お客様の受付，案内はコミュニケーションを大切にした。（流通コース）
- コース長や作業を行う順番を決めることで役割がわかり，積極的に活動することができるようになった。（メンテナンスサービスコース）

（2）生徒一人一人のキャリアアセスメントの方法について

- 年に3回実施した。担任が記入したものを各コースの教職員間で検討し，確認を行った。その後は主に担任が修正を行った。
- キャリアアセスメントの［日常生活］の項目などは，コース内では見えない部分であったため把握しにくい面があった。

公開研究会から　～1年間の成果と課題～

（1）キャリア発達について

＜成果＞

○全校研究会，授業研究会，公開研究会を通して，キャリア発達を促すために大切な要素が明らかになってきた。

○生徒のキャリア発達を促す（生徒が自分の役割や活動の意義がわかり，なくてはならない存在と感じる）実践から生徒の変容が実証できた。

○質の高い製品（サービス）づくりで社会とつながることの重要性を認識することができた。

＜課題＞

○活動の意義がわかるような支援にまだ不十分な面があった。

○生徒の主体性を引き出すために，どのように生徒を支援していくかの工夫

が必要である。
○生徒のキャリア発達を促すために"振り返り"を大切にしてきたが，振り返る方法や支援の仕方が試行錯誤の段階であり，今後より良い方法を追求していく。

（2）生徒一人一人のアセスメントの方法について
＜成果＞
○生徒の実態を「キャリアアセスメント」という指標を活用することによって，教職員間の生徒の捉え方に共通理解が生まれた。
＜課題＞
○年に３回，担任がとり，各コースで見直しを行った。学級とコースで生徒の様子が違うことがあるので，コースでも「キャリアアセスメント」をとったほうが良いのではという意見がでた。また，双方で情報を共有したほうがより生徒の実態を把握することができ，生徒の目標を立てる際にも活かしていけるのではないか。

第3節　2年目の取り組み
～4つの視点から授業改善～

　1年生を迎え，2学年での授業づくりがスタートしました。2年生は，「先輩になる」ことを意識するようになりました。生徒たちのキャリア発達を支えるために，めざす姿の実現に向けて，「キャリアアセスメントの共有」「働く意義・意欲」「指導内容・方法の工夫」「学習評価」の4つの視点から授業改善を進めました。

1　重点目標

めざす姿：自分の役割や活動の意義がわかり，主体的に活動する姿

授業改善

的確な実態把握のために
・キャリアアセスメントを教職員間で共有する
生徒の自己理解のために
・生徒がつけるキャリアアセスメント

生徒が〝なくてはならない存在〟となるために
・〝できる〟〝やりたい〟という生徒の思いを大切にした授業づくり

アセスメントの共有

働く意義
意欲

生徒の振り返りを大切にする。

生徒が活動の意義を持つことができるように支援をする。

学習評価

指導内容
方法の工夫

・個別の指導計画に基づいた目標，手だてから学習状況を評価
・形成的評価，個人内評価

・製品評価基準表の活用
・作業姿勢の改善，手順表の工夫，工程ラインの見直しなど

2　全校での取り組み

　全校での取り組みは，重点目標に対して大切なことを「共有」することを目的に実施しました。

(1) キャリアアセスメントの共有について
- ○　4月　キャリアセアスメントの研修（講義・演習）
- ○　共有のための仕組みづくり
  - ・キャリアアセスメントの見直す時期を会議の中に位置づける。（6月・9月・2月）
  - ・方法　担任各 ⟷ コース，と双方でとり，すり合わせる。

(2) 働く意義・意欲
- ○　事例検討会でコースを越えて支援の仕方を話し合う。（グループ研修）
- ○　8月全校研究会では，事例検討会からテーマを絞り，全体協議を行う。
  - ・テーマⅠ「自己肯定感を育む」授業づくり
  - ・テーマⅡ「本当の自信をつけるために」必要な支援とは
  - ・テーマⅢ「活動の意義がわかるには」授業で大切にしたこと

(3) 指導内容・方法の工夫
- ○　5月全校研究会で9コース共通の指導内容を確認
  - ・作業姿勢・手指の動きに注目　→　正確な作業につながる
  - ・環境調整　→　手順表の工夫・動線の見直し・作業場所の確保
  - ・生徒の振り返りが重要　→　生徒自身が課題に気づくように工夫

(4) 学習評価

　学習評価は，「学校における教育活動に関し，生徒たちの学習状況を評価するもの」です。今年度は，学習評価に3つの観点で取り組みました。

- ○　個別の指導計画に基づき，生徒の目標・手だて・支援の在り方が適切であったかを各コースで評価する。（総括的評価）
- ○　日々の授業実践で，学習状況を把握し，支援が適切か，目標は達成されるかを評価していく。（形成的評価）
- ○　キャリア発達の視点から，毎授業後に生徒の振り返りを行い，生徒の自己評価を大切にする。また，授業の中でみられた生徒の小さな変容や，良さを伝えて働く意欲・意義につなげる。（個人内評価）

3　各コースの取り組み

　日々の授業実践を11月授業研究会で振り返り，講師の先生方にご助言をいただき，成果や課題を整理しました。さらに，2月公開研究会に向けて授業改善を行いました。

（1）　キャリアアセスメントの共有

　1年生のキャリアアセスメントは，6月に担任がとり，各コースですり合わせを行いました。2年生は，9月に見直しを行いました。そこで，以下のような取り組みが行われ，個別の指導計画の目標と関連づけることができました。

> ・担任が作成したキャリアアセスメントシートとコースで作成したシートを照らし合わせたことで様々な角度から生徒の実態を捉え，生徒一人一人の目標を作成した。（園芸コース）
> ・個別の指導計画を作成する段階で再度キャリアアセスメントの確認を行い，生徒の変容を共通理解した。（ソーイングデザインコース）

　授業研究会では，講師にキャリアアセスメントに関連する内容についてご助言をいただきました。

> ・活動内容が生徒たちの力に合っているか，潜在能力を顕在化していく必要がある。そのために，キャリアアセスメントを活用して生徒の力を見直し，コース内で共通理解することが大切である。（農業コース）

（2）　働く意義・意欲

　各コースで指導方法・指導内容を工夫することや，「販売会」を通してお客様に喜んでいただく経験から，少しずつ「働く意義・意欲」について生徒たちがわかり始めてきました。取り組みの一部を紹介します。

> ・1，2年生のペアで作業を行い，協力して働くことの意義を理解できるようにした。（農業コース）
> ・接客を通して，お客様に喜んでもらえる経験や1年生に教えることで，働く意欲を高めた。（フードサービスコース）

さらに，授業研究会では，活動の達成感を高めるためには，活動の内容を再検討することが示唆されました。

> ・短いスパンで達成された喜びを積み重ねることで〝働くこと〟の概念化が形成され，やがて職業観・勤労観へと結びつく。達成感を感じることができる仕事の量と質の確保が必要。（園芸コース）

〝働くこと〟を概念化するためには，達成感を積み重ねることの大切さを確認しました。

（3） 指導内容・方法の工夫

各コースでは，生徒の活動の様子や目標に応じて指導内容や方法を以下のようにそれぞれ工夫をしました。

> ・班長の役割を明確化。メモの活用。（農業コース）
> ・自己肯定感の低い生徒の支援　→　同学年とペアを組む。（園芸コース）
> ・補助具の開発・改善（木工コース）
> ・手順表の作成，製品別評価基準の遵守（窯業コース）
> ・染料計算式ボード，糸納品ファイルの活用（染織デザインコース）
> ・ソーイング体操・活動手順表の導入（ソーイングデザインコース）
> ・指示書の内容をチェックリストに転記（流通コース）
> ・作業場所の整理，動線の確保（フードサービスコース）

授業研究会では，指導内容・方法の工夫にかかわることで以下のような課題が挙がりました。

> ・班長の役割を担うことで達成感を味わうには，意図的に活動を仕組んでいく。そこから，職業観・勤労観が形成される。（農業コース）
> ・年間計画で単元のテーマを検討する必要がある。（木工コース）
> ・活動のグループ編成の検討（窯業コース）
> ・道具を工夫することでより活動しやすくなる。（染織デザインコース）
> ・検品の仕方を工夫することが必要。（ソーイングデザインコース）

> ・製品づくりに工夫の余地がある。生徒の声を吸い上げる。製品のバリエーションを増やす。（ソーイングデザインコース）
> ・3コースの指導方法についてベクトルを揃えることを検討する。例えば，言葉遣いの指導方法　など。
> 　（流通コース，フードサービスコース，メンテナンスサービスコース　）

（4）学習評価

　〝振り返り〟の方法については，コースの特性に応じて以下のように行うことができました。生徒の〝振り返り〟を通して，教職員の形成的評価や個人内評価が進められたと思います。

> ・振り返りの時間に生徒の良い点を伝え，課題は教職員が新たな支援方法を考え，次の授業で改善するように取り組んだ。（園芸コース）
> ・活動前に目標を生徒と確認し，活動の終わりには全員で製品の検討会を行い，次時の目標を決めた。（窯業コース）
> ・授業後，生徒は教室で日誌に振り返りを記入し，提出する。教職員は振り返りに対するコメントを良かった点と改善点を挙げて返却をする。
> 　（フードサービスコース）
> ・アドバイスシートに6つの観点を入れて，わかりやすい他者評価を取り入れた。（メンテナンスサービスコース）

　授業研究会では，講師からキャリア発達の視点から自己評価や他者評を取り入れる仕組みを作ることが大切とのお話をいただきました。

> ・園芸の仕事は繰り返しの仕事が多い。そのことで仕事が習熟していく。自分の習熟度(時間や量)を自己評価できる仕組みが必要。（園芸コース）
> ・1，2年生は自己評価をして自信を持つことが大切。3年生では他者に働きかける力が必要。客観的評価を教職員が行い，人間関係形成能力を高めるようにする。
> 　（流通コース，フードサービスコース，メンテナンスサービスコース）

4 公開研究会から ～1年間の成果と課題～

(1) キャリアアセスメントの共有

コースでキャリアアセスメントについて話し合いができ，昨年度に比べて生徒の共通理解がすすみました。「共有」することの大切さを感じていますが，限られた時間で行うための話し合いの工夫が今後求められます。

次年度はキャリアアセスメントの活用について，的確な実態把握と支援のためのツールとして機能できるようにしたいと思います。

(2) 働く意義・意欲

昨年度の一番の課題であった「働く意義・意欲」については，キャリア発達の視点で捉えるようになり，手だてとして下記の3点が有効でした。

○ 質の高い製品（サービス）づくりをめざし，お客様に喜んでもらうことで「働く意義・意欲」を感じることができた。
○ 生徒主体の活動づくりをすすめることができた。（自分でデザインを考える，栽培計画を立てる　など）
○ 自分の役割が明確になることで「なくてはならない存在」と気づく生徒たちが出てきた。

今後は，さらに「働く意義・意欲」をどう捉えるかを深めたいと思います。

(3) 指導内容・方法の工夫

5月の全校研究会での講師のご助言により指導の内容・方法の視点が定まりました。コースの独自性を活かして環境整備の面や生徒一人一人に応じた支援，主体的に取り組むための手だてを講じることができました。「働く意義・意欲」の取り組みと絡めながら，研究主題に沿った実践をしました。

今後の課題は，コース内で指導方法が共有できる仕組みづくり，教職員の専門的知識の習得が挙げられます。

(4) 学習評価

9コースで，時間と方法を工夫しながら生徒の振り返りを行いました。生徒の振り返りを大事にすることと，教職員は生徒に良かった点・改善点を伝えることで，個人内評価が促されました。また，教職員と生徒が活動前に一緒に目標を確認することで評価の視点が明らかになり，教職員は形成的評価が行いやすくなりました。一方，総括的な評価は個別の指導計画に基づいた評価としてコース内で話合いを持ちましたが，単元についての評価をきちんと行うまでに至らず，年間指導計画や指導目標と関連して今後改善を行う必要があります。

第4節　3年目の取り組み
～全教職員で取り組む授業実践～

　平成26年4月，3学年が揃っての授業が始まりました。職業を主とする専門教科の授業づくりについて基盤を固める年となりました。全教職員で力を合わせて，研究主題に沿った授業実践を進めていきたいと思いました。

1　重点目標

　2年間の実践から授業づくりで大切にしてきたことを継承すること，課題から今年の重点目標決めました。

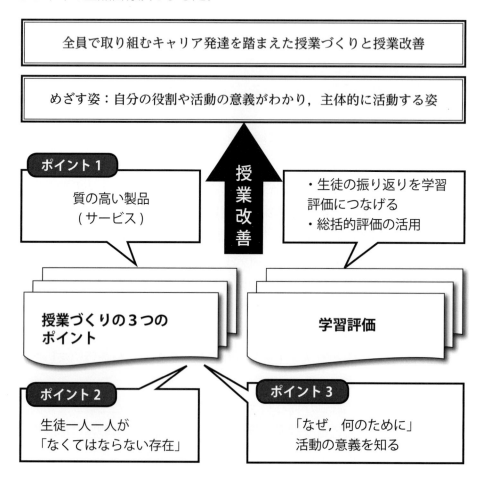

2　全校での取り組み

（1）4月　同じスタートラインに立つ

　これまでの授業実践の成果と課題を確認すること，転入職員に本校の取り組みを周知するために4月に研修会を行いました。

① 　本校の研究について・本校のデュアルシステムについて
　　　→　教育目標を実現するための取り組みであること
② 　キャリアアセスメントの研修
　　　→　意義と活用についての共通理解

（2）　5月　全校研究会

　新年度が始まり，約2ヵ月が経過しました。3学年そろった専門教科の日課表は複雑で，教職員の専門教科の授業の入り方も各教科の授業との関係から，週に2～3日になりました。このような状況から，専門教科の授業の在り方を再確認するため，全校研究会の目的と方法を以下のように設定しました。

① 　目的　・本校の研究について理解し，授業実践を行うようにする。
　　　　　　・指導案の書き方について共通理解を図るようにする。
② 　方法　・各コースで指導略案を作成，1コースは精案を作成した。
　　　　　　・相互に授業参観を行った。　→　感想せんの配布
　　　　　　・研究統括アドバイザーに授業参観していただき，授業や指導案についてご助言をいただいた。また，ご講演では「青年期におけるキャリア教育」をテーマにお話しをいただいた。
　　　　　　・今年度の研究の重点目標，進め方についての共通理解をした。

（3）　夏季研修会

　コースでの共通理解と，重点目標を進めるために必要な事項について研修を実施しました。

○ 　コース研修会
　→コース内で授業や生徒の支援について情報を「共有」する。
○ 　講演「キャリア教育」　　　　　　　　本校前教頭　平賀博巳　先生
　→キャリア教育の意義，キャリア発達についての再確認
○ 　「特別支援教育と支援の在り方」植草学園大学教授　　加藤悦子　先生
　→講演と事例生徒を通して支援の在り方をグループ協議

（4）　授業研究会・公開研究会を通して授業実践の成果と課題を整理する。

3 各コースの取り組み

(1) 5月 全校研究会を終えて

　全校研究会でご助言いただいたことや授業参観からの感想せんを基に今後の授業実践について各コースで話合いを行いました。また，生徒の目標と手だてを確認しました。

> - 生徒と共に活動をすることを共通理解した。(農業コース・園芸コース)
> - コースでのPDCAの確認。全体では話し合う時間がないので，各学年で評価を行い，改善点があれば次の授業で計画を立てて実行するようにしていく。このことをコース会議や研究・研修日にコース全体で協議するようにする。(園芸コース)
> - 作業環境，言語環境，生徒自らが考える環境を整えていく。あいさつの励行。製品評価基準表の整理。(窯業コース)
> - 「コースとして生徒に身につけてほしい力は何か」を協議した。(染織デザインコース)
> - 「時間の意識が乏しい」と指摘された点についての検討。(メンテナンスサービスコース)

(2) 7月 コース研修会

　今年度は，コース担当教職員が授業に出る日が週に2～3日と昨年度より少なくなったため，授業に関する「情報の共有」が必要でした。研修会の内容は，「インターンシップの評価の共有」と授業の進め方や支援の在り方の共通理解の2つを柱に行いました。

> - コースの全職員が生徒の手だてを考え，いろいろな意見を出すことができ，とても有意義かつ必要なことだと思った。後期の授業や目標を立てる時に活かしていきたい。(ソーイングデザインコース)
> - 時間が足りず，生徒全員とはできなかったが，日頃からコース内で話ができている。担任と共通理解を図るように心がけ，ちょっとした時間を活用している。(フードサービスコース)

（3） 授業研究会の成果と課題

各コースで指導案を作成するにあたっては，特に単元の目標に留意し，身につけてほしい力が適切であるかを検討しました。協議の柱を下記のとおり設定して，学科毎に分科会を行いました。成果と課題は以下のとおりです。

【協議の柱】

1　■授業づくりの観点■
　○　単元（題材）の目標について：目標を達成するための環境調整や生徒への手立てが設定されていたか。

2　■生徒の活動の様子から■
　○　生徒が自分の役割や活動の意義がわかり，主体的に活動できたか。
　○　質の高い製品（サービス）がわかり，自己評価することができたか。

＜成果＞

- １年生は２・３年生と一緒に活動したり，アドバイスをもらったりすることにより，仕事を確実に覚えることができた。目標に向けて取り組むことで，コースとしての一体感が生まれた。　（農業コース）
- 学園祭単元は生徒にとって目標を意識して取り組みやすかったり，活動の意義がわかりやすかったり，主体的に活動できる期間になった。
　（園芸コース）
- 製材の精度が上がったり，かんななどの仕上げで生徒に任せることができたり単元目標の「完成度の高い製品づくり」を実現することができた。
　（木工コース）
- 工程別・製品別評価基準表を整理したことで，質の向上が進んだ。生徒が基準表を活用し，製品を増産することができた。（窯業コース）
- 生徒が単元目標の秋色デザインを意識したり，織りの一連の流れを担当したり，製作意欲が湧く支援ができた。　（染織デザインコース）
- 上級者が下級生に技術を伝えることができ，製品に対する誇りを持ち，自信を持って活動できた。　（ソーイングデザインコース）
- 生徒主体で接客マニュアルを作成し，活用をはじめることができた。
　３年生が自分の役割（１年生に教える）を通して，自分を肯定的に捉えるようになった。　（フードサービスコース）
- ３年生は１年生にトイレ清掃をわかりやすく教えることができた。また，教え方についての他者評価を受け入れ，次の自分の目標に反映することができた。　（メンテナンスサービスコース）

<課題>

- 仕事の達成感を感じることができる活動量の確保と生徒たちの力に見合った活動内容の精選。　　　　　　　　　　　　　　（農業コース）
- 生徒たちが主体的・意欲的に活動できるための環境整備　（園芸コース）
- 分担した仕事の意義がわかるような支援に工夫が必要。　（木工コース）
- 今後，生徒が振り返りをできるようなチェックリストも整理をして，自分で気づいて，より良い製品・サービスをめざす必要がある。
　　　　　　　　　　　　　　　　　　　　　　　　　　　　　（窯業コース）
- 自分の課題に気づくことができるような支援の工夫。
　　　　　　　　　　　　　　　　　　　　　　　　　（染織デザインコース）
- 接客マニュアルの活用，及びどのようにスキルアップを積み重ねるか。ホールのシフト制について検討。　　　　　　（フードサービスコース）
- 技術の伝達は概ねできたが，自分なりに活動の意義を伝えていく支援を考えていく。　　　　　　　　　　　　　（メンテナンスサービスコース）
- 生徒個々のレベルに応じて検品を省略し，効率よく作業を行うようにしていく。　　　　　　　　　　　　　　　　（ソーイングデザインコース）

　多くのコースでは，この時期の単元は学園祭に向けての活動で，その内容には2,3年生が1年生に製品づくりやサービスを教える活動が含まれていました。縦割りの活動を通して，1年生は「先輩のようになりたい」と身近な目標を持つことができ，2・3年生は「教える」という役割を担い，今まで以上に意欲や主体性に変化がみられました。学園祭という行事に向けた取り組みは，生徒にとってわかりやすく，キャリア発達を促す機会になることが明らかになりました。

　課題は，さらに質の良い製品やサービスの向上に向けて，生徒自身が課題に気づくような仕組みづくりや環境整備を進めていくことが挙げられました。

<今後の授業づくりの方向性>

　研究統括アドバイザー，学科講師の先生方のご助言を受けて授業づくりの方向性が以下のように定まりました。

○　到達度目標を設定し，きめの細かい支援を行う。学年毎におおよそのレベルまで到達できれば良いか指標となるものを作成することで，さらに単元の目標や生徒の目標を的確なものにしていく。

○ 生徒の視点に立った環境設定を行い，作業に集中できる環境づくりをすすめていく。ユニバーサルデザインの考えのもとに環境づくりを見直すことで生徒のキャリア発達を促していく。

○ 各コースでマニュアル本を作成し，生徒が活用できるようにしていく。コースで大事にしている活動内容，手だてや支援を整理し，生徒が主体的に活動するための拠り所になるものを作成していく。

<資料>

【キャリアアセスメント】

(様式2-1:担任作成)	個別の教育支援計画Ⅱ		
氏名		性別 男	学校名 千葉県立特別支援学校市川大野高等学園
作成者			作成日 平成24年6月7日(9.11.修正)

〇 キャリアアセスメント

領域	項目	評価	特記事項
日常生活	生活のリズム	4 3 2 1	
	健康状態	4 3 2 1	
	身だしなみ	4 3 2 1	
	金銭管理	4 3 2 1	
	交通機関の利用	4 3 2 1	
	規則の遵守	4 3 2 1	
	危険への対処	4 3 2 1	
	出席の状況	4 3 2 1	
対人関係	挨拶・返事	4 3 2 1	
	会話	4 3 2 1	
	意思表示	4 3 2 1	
	電話等の利用	4 3 2 1	
	情緒の安定	4 3 2 1	
	協調性	4 3 2 1	
作業力	体力	4 3 2 1	
	指示内容の遵守	4 3 2 1	
	機器・道具の使用	4 3 2 1	
	正確性	4 3 2 1	
	器用さ	4 3 2 1	
	作業速度	4 3 2 1	
	作業変化への対応	4 3 2 1	
労働習慣	就労意欲	4 3 2 1	
	質問・報告・連絡	4 3 2 1	
	時間の遵守	4 3 2 1	
	積極性	4 3 2 1	
	集中力	4 3 2 1	
	責任感	4 3 2 1	
	整理整頓	4 3 2 1	
その他			

4:できる、ある / 3:だいたいできる、ある / 2:あまりできない、あまりない / 1:できない、ない

【工程・製品別評価基準】

9コースをまとめて冊子にしました

第4節　3年目の取り組み　～全教職員で取り組む授業実践～

【製品別評価基準】（木工コース）

木工コース　製品別評価基準

製品名	評価基準	作業工程No.
プランター （60cm版）	・ビスの頭が表面から飛び出さないようにし、かつ2mm以上内側に入り込まないように打ち込んでいるか。 ・各部材間の隙間は1mm以内になっているか。 ・上部および下部から見た際、短い横板と長い横板が直角に組み合っている部分の隙間は2mm以内になっているか。 ・表面から見た際、部材同士の凸凹は±2mmまでになっているか。 ・プランター4台を重ねて持ち上げても、左右の取っ手はぐらつかないか。 ・部材の表面に亀裂はないか。 ・著しい汚れはないか。	①②③④⑤ ⑥⑦⑧⑨
プランター （35～40cm版）	・ビスの頭が表面から飛び出さないようにし、かつ2mm以上内側に入り込まないように打ち込んでいるか。 ・各部材間の隙間は1mm以内になっているか。 ・上部および下部から見た際、短い横板と長い横板が直角に組み合っている部分の隙間は2mm以内になっているか。 ・表面から見た際、部材同士の凸凹は±2mmまでになっているか。 ・プランター4台を重ねて持ち上げても、左右の取っ手はぐらつかないか。 ・ダボでつないだ板がぐらつかないか。 ・35cm～40cmのプランターがきちんと中に入るか。 ・部材の表面に亀裂はないか。 ・著しい汚れはないか。	①②③④⑤ ⑥⑦⑧⑨
フラワー スタンド	＜座面の取り付け＞ ・座面に取り付けている脚にがたつきはないか。 ・座面に取り付けている脚は真っ直ぐになっているか。 ・取り付けている脚の向きは正しいか。 ＜脚の組み立て＞ ・脚の表面からボルトが飛び出していないか。（1mmでも不可） ・ボルトにがたつきはないか。 ・脚の表と裏を間違えて取り付けていないか。 ＜全体の組み立て＞ ・スムーズに可動するか。 ・引っかかることなく折りたたむこと、広げることができるか。 ・スタンドを立てた時にぐらつき、がたつきはないか。	①②④⑤⑥ ⑦⑧⑨

【工程別評価基準】（木工コース）

工業技術科木工コース　作業工程別評価基準

No.	作業工程	評価基準	備考
	準備	・自分の使用する工具及び作業内容を確認したか。 ・使用する工具を棚から取り出し、コンセントをさす、補助具の取り付けなどができたか。	
①	電動かんながけ	・部材を決められた厚さに揃えることができたか。	
②	丸のこ盤を使った部材切り	・決められた長さ通りに部材を切ることができたか。	
③	ボール盤を使った穴あけ	・補助具に正しくセットし、目印に沿ってさしがねを使用して、真っ直ぐ墨つけができたか。 ・ボール盤のレバーをビニールテープがはってある所まで下ろして真っ直ぐ穴をあけることができたか。	
④	ミゾキリを使った溝掘り	・5mm±0.5mm以内に溝を掘ることができたか。 ・部材の溝のずれはそれぞれ0.5mm以内にできたか。 ・湾曲せず真っ直ぐ溝を掘ることができたか。	
⑤	ドリルを使った穴あけ	・穴を開ける箇所を正確に測って印をつけることができたか。 ・穴が曲がっていないか（ドリルドライバーを垂直に扱っていたか）。 ・バリは出ていないか（両側から穴を開けたか）。	
⑥	トリマーを使った面取り	・補助具に部材をセットし、端から端まで面取りできたか。	
⑦	組み立て	・補助具に正しく部材をセットできたか。 ・決められたビスを使用し、部材に少し埋まる程度打ち込むことができたか。 ・ダボにボンドをつけ、穴の中に奥まで入れ、2枚の板を正しく合わせることができたか。 ・打ち終わったら、部材が外れないか、隙間はないかを確認したか。	
⑧	電動サンダーを使った仕上げ磨き #80→#240→#400	・電動サンダーで表面が滑らかになるまで磨けたか。 ・内側も電動サンダーで磨けたか。 ・電動サンダーで磨かなかった細かいところは紙やすりで磨いたか。 ・磨き残しているところはないか。 ・磨いた後に布で拭き取ることができたか。	
⑨	色塗り	・隅々まで塗ることができたか。 ・余分な塗料はウエスで拭き取ったか。	
	片付け	・使用した工具や補助具についた木くずをきれいに払い落としたか。 ・工具を所定の位置に戻すことができたか。	

193

第3章 生徒主体の就労支援の仕組み
～インターンシップ3カ年計画～

　これまで、特別支援学校においては、産業現場等における実習（※現場実習）を活用した進路支援に取り組んでいます。近年の障害者雇用に関する施策や社会情勢、また特別支援学校における積極的な職業教育や就労支援の取り組みからも、これまで以上にその重要度が増していることは言うまでもありません。

　一方では、現場実習の形骸化や上級学年への先送り、教師主導の進路決定やジョブマッチングなどといった懸念も内在しています。また、入学してくる生徒の現状から鑑みると、地域の中学校特別支援学級や特別支援学校中学部などにおける現場実習は減少傾向にあります。通常学級に在籍する特別なニーズのある生徒においては、数日の職場体験を経験する程度で、中には事業所での実習が未経験の場合さえあります。こうした状況からも、特別支援学校高等部における現場実習は進路支援においてこれまで以上に重責を担っているとともに、これまでの取り組みを再考することも必要ではないかと考えられます。

　本校における「インターンシップ」は、目的や方法はこれまでの現場実習と同様の取り組みですが、卒業後の職業生活を見通しながら、長期的な視点で、系統的に取り組んでいく必要があると考えています。3年間の実習を主体的に積み上げながら、生徒のニーズに合わせた、最適な進路選択・決定に向けた取り組みを目指していきます。卒業後の豊かな職業生活に向けた、生徒主体の進路支援を願って…。

　本章では、本校の進路支援計画の概要、インターンシップの理念と目的、各学年による系統的なインターンシップの取り組みで構成しました。卒業後の豊かな社会生活・職業生活と就労継続を見据えた「インターンシップ」の在り方について、共に深めながら、よりより進路支援の形を追求していきたいと思います。

第Ⅱ部 第3章 生徒主体の就労支援の仕組み 〜インターンシップ3カ年計画〜

第1節 本校の進路支援計画とインターンシップの理念

本校の進路支援計画とインターンシップ

1　本校の願う進路支援

　第1章でも述べたように，教育目標に，「本物の働く力を育み，笑顔輝く生徒の育成」を掲げ，全ての生徒の企業就労と豊かな社会参加の実現をめざしています。生徒たちの社会的・職業的自立を願い，主体的で豊かな卒業後の生活に向けた教育を実践することが，本校の大きな役割です。

　本校では，上記の教育目標に基づいた，進路支援の基本方針と目標を設定しています。進路支援は本校のキャリア教育の中心的な取り組みであり，言わば学校の大黒柱であると考えています。「自己理解」「自己選択」「自己決定」をキーワードに，生徒一人一人の教育的ニーズに合わせながら，キャリア教育の視点で進路支援を進めていきます。留意しておきたい点は，企業就労をめざしているからといって，企業で求められるスキルの習得に邁進したり，職業教育と称して，生徒たちにとって訓練的で不自然な授業を展開したりしないようにすることです。生徒の主体性を大切にしている私たちの教育では，上記のような対応は，絶対的に避けなければいけないと考えます。つまりワークキャリアに特化した進路支援ではなく，ライフキャリアを大切にした進路支援が，生徒の豊かな社会生活・職業生活に必ず活きていくという思いがあるからです。

　本校では，生徒と共に日常生活を送り，生徒の思いと様子を間近に汲み取っている学級担任が，進路支援のキーパーソンであると考えます。進路指導部主導で生徒の進路先を決めてしまったり，また，生徒の進路は進路指導部が決めてくれると担任が外野に回ってしまったりすることのないようにしたいと思っています。進路指導部については，生徒の思いと担任や保護者の願いを基に，進路支援をコーディネートしていく役割を担っていきます。大切にしたいことは，生徒の進路支援をチームでサポートする体制づくりです。生徒と担任を中心に据えて，進路指導部をはじめ，専門教科担当職員，生徒指導部，特別支援教育コーディネーター，養護教諭など，ときには行政職員も含めた全校教職員が一体となって，全生徒が最適な進路先を決定できるように支えていきます。

企業に就労することだけが進路の全てではありませんが，学校の旗印として全ての生徒の企業就労を願い，夢の実現に向けたよりより進路支援を行っていくことが，学校としてのまとまりや一体感を生むことにつながっています。

<基本方針>

○『社会的・職業的自立を支援する職業に関する専門学科を有する後期中等教育の場』として，生徒の教育的ニーズに基づいたキャリア教育を教育活動全体を通じて推進し，基礎的・汎用的能力等の育成を図り，社会生活・職業生活への円滑な移行を支援する。

○家庭や地域の関係機関と緊密な連携を図り，系統的かつ実践的な教育活動を通じて，社会人として主体的に生きるための資質を育成する。

○全ての生徒の企業就労を目標に据え，生徒一人ひとりのニーズの実現に向けて，生徒本人の自己決定を尊重しながら，全校で一体的な進路指導・支援を進める。

<目　標>

【第１学年】
○基本方針に則り，生徒自身が自己理解を深め，望ましい将来像を意識して職業生活に必要な知識・技能・態度等を習得するため，基本的な生活習慣・労働習慣を確立する。

【第２学年】
○産業現場等における実習等を通じて，職業人としての基礎的能力の伸長を図り，将来の進路先への見通しをもちながら，自己選択できるようにする。実践的な活動で明確になった目標課題を日々の学習活動を通じて補い，自己実現に向かう姿勢を育む。

【第３学年】
○教育活動全体を通じて，課題を解決し，自らの進路先を自己決定する能力，主体的に社会生活を生きる力を養う。卒業後の社会生活・職業生活への円滑な移行に向けて，必要な知識・技能，意欲・態度，基礎的汎用的能力等を確実に育成する。

第1節　本校の進路支援計画とインターンシップの理念

＜進路支援年間計画＞

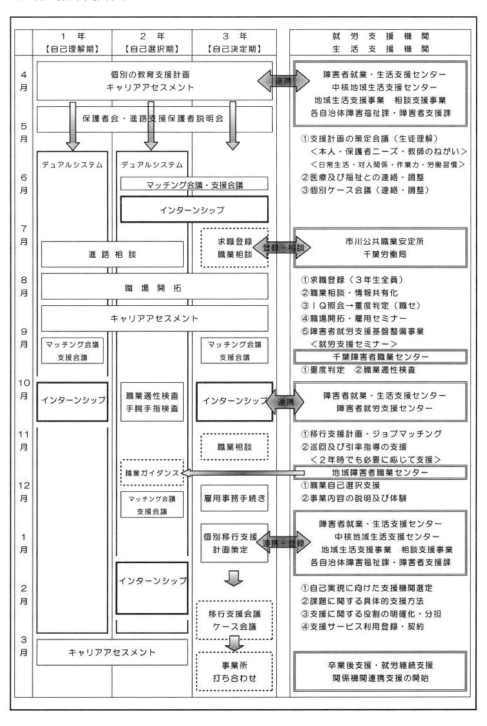

＜進路支援校内体制＞

進路指導部	①進路・キャリア教育計画 ②デュアルシステム計画・運営 ③インターンシップ計画・運営 ④実習全般のコーディネート ⑤事業所との連絡調整 ⑥企業開拓及び広報・ＰＲ ⑦就労支援ネットワークの構築	学年・学級担任	①進路相談・キャリアカウンセリング ②キャリアアセスメント ③デュアル実習における振り返り・評価 ④インターンシップ手続き・契約 ⑤インターンシップの巡回指導・支援 ⑥インターンシップの評価聴取 ⑦保護者との進路面談及び家庭連携
全教職員	①夏季休業中における職場開拓 ②職員進路研修会 ③デュアル実習の指導・支援 ④デュアル実習の振り返り・評価	専門担当	①キャリアアセスメント ②専門教科・ 　デュアル実習のプランニング ③デュアル実習の指導・支援 ④デュアル実習の振り返り・評価

2　インターンシップの目的と実施計画

　本校では，「市川大野高等学園版デュアルシステム」に関する実習（「デュアル実習」）に取り組む一方で，「インターンシップ」にも取り組んでいきます。教育課程の上では，「デュアル実習」は職業を主とする専門教科として，また「インターンシップ」は教科「職業」としての産業現場等における実習として位置づけています。本校における「インターンシップ」は，多くの特別支援学校で取り組んでいる現場実習と同様に，進路選択・進路決定に直結した取り組みです。「現場実習」という呼称は，現在では多くの場合，産業現場等における実習の略称として使用されていますが，本校には２つの種類の産業現場等における実習が存在していることになります。そのため，第１章でも述べていますが「デュアル実習」との違いを，明確に定義する必要がありました。また，産業現場等における実習として，解釈上の混乱が生じることなく共通理解ができるように，「インターンシップ」として名称についても定義をしています。

　進路指導部では，各学年ごとに学年進路担当を置いています。その学年進路担当者が，生徒の教育的ニーズや担任・保護者の願いなどについて，担任から日常的にヒアリングを行います。担当学年の生徒の情報を一元的に把握し，「インターンシップ」をコーディネートしていきます。その際に，次の点を大切にしながら，生徒一人一人の「インターンシップ」を進めていきます。

> ○「インターンシップ」と「デュアル実習」の明確な定義と共通した解釈
> ○早期（第1学年）からの「インターンシップ」の実施
> ○全生徒の企業での実習（企業における本物の実習）を推進
> ○長期的視点に基づいた，系統的なプランニングによる異業種体験
> ○生徒の教育的ニーズに合わせた実習先選定
> ○キャリアカウンセリングを大切にした，自己決定による進路選択

＜目的＞

> 　実際の企業において，本格的な就業生活を体験することにより，社会的・職業的自立に向けて必要な態度や技能を身に付け，生徒一人一人が将来の自分の進路選択・職業選択についての自覚と理解を深め，将来の社会生活・職業生活への見通しをもつ機会とする。また，適切な進路選択・職業選択ができるように，インターンシップを通して学んだことを，今後の教育活動や家庭生活に生かしていく。

＜実施計画＞

　高等部3年間において，よりより進路支援を進めていくためには，卒業後の働く生徒の姿を願い，系統的に実習を進めていくことが必要であると考えます。

　こうした意味においても，まずはできるだけ早い時期から社会につなげていきます。「企業に実習に行くには不安が多い」「まだ実習に出せる状態ではない」などと，実習機会を上級学年に先送りにしたり，福祉サービス事業所での実習に置きかえたりするケースが見受けられます。本校では，早期から企業での実習を経験することによって，生徒のキャリアが着実に形成されていくと考えています。全ての生徒が，第1学年から企業での「インターンシップ」に取り組めるような状況をつくりあげいきます。その際に大切にしていることは，絶対的に成功体験ができるような実習にするということです。最近では，高等部に入学してきた生徒の中でも，これまで一度も企業での実習経験がない生徒が少なくありません。はじめての実習では，できるだけ生徒の興味や関心などから思いを汲み取り，得意なことを中心とした実習を計画するようにします。

　また，長期的に進路支援を進めていく場合には，異業種による体験や課題解決的な実習を意図的に計画していくことが必要です。様々な業種や業務での経

験を積み重ねていくことによって，何よりも職業観や勤労観が形成されます。様々な経験の中から，職業人としての幅を広げていくためのエッセンスを，たくさん感じてほしいと願っています。第2学年における実習は，上記のようなことから，様々な経験をするための実習として位置づけています。その際，異業種による体験をすることに加えて，自分のニーズに合わせて，課題解決的に実習に取り組んでいくことも願います。つまり，自分の苦手なことや課題となっていることに，積極的にチャレンジしていく実習です。例えば，コミュニケーションに不安はあるが飲食サービス業での実習。乗り換えに自信がないので，バスや電車を複数乗り継いで通勤する実習。長時間の立ち仕事には自信がないが物流倉庫での実習。あまり自信はないが経験したことがないので事務職の実習など。自分のニーズや課題を理解して，目標に向かって積極的に取り組む生徒は，何があっても前に進んでいくことのできる職業人になると思っています。

　卒業時に願っていることは，全ての生徒が最適な進路を選択することです。第3学年では，これまでの経験を基盤として，主体的な進路選択を実践的に進めていきます。その集大成としての最終的なトライアルです。系統的に実習を積み上げてきた生徒たちは，「自分は〇〇業の仕事で就職したい」，「〇〇のような業務で働いていきたい」など，自分の願いとして進路選択への思いを発信するようになります。私たちはこうした生徒たちの主体的な思いを汲み取った上でのジョブマッチングを図り，生徒主体の進路選択を目指していきます。

【3年間のインターンシップ計画】

学年	時期	目的
第1学年	10月：2週間	・絶対的な成功体験を ・本人の特性や興味関心を中心に
第2学年	6月／2月：各2週間	・自分の課題やニーズにあわせて ・異業種や様々なチャレンジを
第3学年	6月／10月：各2週間	・自己決定による進路選択に向けて ・学校生活の集大成としてのチャレンジ

3 アセスメントツールの共通化

　多くの学校において，現場実習を実施する場合，実習評価表を活用した生徒の実習中の評価を行っています。本校で実施している「インターンシップ」でも，同様に企業側の実習評価表を活用して，生徒にフィードバックしています。本校では，個別の教育支援計画において，生徒の教育的ニーズを共通理解するために，「キャリアアセスメント」を活用しています。また，生徒自身が自己評価するためのツールとして，「夢プラン（生徒版キャリアプラン）」を活用しています。こうしたアセスメントツールについて，本校では共通の評価項目で構成しています。つまり，教師による評価（「キャリアアセスメント」），生徒による評価（「夢プラン（生徒版キャリアプラン」），企業による評価（産業現場等における実習評価表）の評価項目を，全て統一したもので構成することによって，相互に活用できるようにしています。ツールを開発することも大切ですが，それをいかに生徒にフィードバックし，効果的に活用していくことが最も重要です。これらのアセスメントツールを共通化することによって，生徒の教育的ニーズを本人はもとより，支援者が共通理解するために活用しています。さらには，生徒への具体的な支援や手だてなど，支援環境を最適化していくためにも活用しています。

【キャリアアセスメント】　　　【産業現場等における実習評価表】

第2節
第1学年インターンシップの実際

　生徒の多くはインターンシップの2週間という期間を一人でやり遂げることは，初めての経験となります。この初めての経験は，これから卒業後の社会生活を考える上でも大きな影響となります。そこで，第1学年のインターンシップは，成功体験を得るということが重要な目標となっています。就職のためや適性職業を探すことに重点が置かれているわけではないという考えで実習先を決め進めていきます。

　また，インターンシップ先で感じた自分の得意な点，苦手な点を理解することや企業の方から得られる評価を通して，自分を理解することも重要な目標となっています。

1　コミュニケーションを課題設定としたインターンシップの例

　担任の先生と准進路指導担当との相談の中で，将来就職をしていくという気持ちがまだ低いことや自発的な報告・連絡・相談，あいさつ，声の大きさが課題として考えられる生徒A。仕事の理解度は高いようなので，インターンシップを通して成功体験を実感してほしいと考えました。

　インターンシップを選定するにあたって配慮した点は次の2つです。1つ目は，仕事を経験していく中で「ありがとう」と感謝されることが多い環境であること。2つ目は必然的にあいさつや職場の方と話をする機会があり，コミュニケーションを通して，仕事の楽しさがわかる業種であることです。以上の2点が仕事をしていく意義がわかり，意欲を持ちながら，課題に取り組むことができるのではないかと考えました。その後，担任と再度相談をし，老人介護の職場での仕事を考えていきました。企業の選定については，職場は老人介護としつつも，介護が主となる仕事ではなく，清掃や食器洗浄など様々なことを経験しながら，あいさつが必要となる環境の企業を検討していきました。

　インターンシップの実施を企業に依頼していく中で，企業の方には，社会経験が初めてであることや，今回の目的，該当生徒の課題を伝え協力を仰いでいきました。そして，実習に入る前に見学を兼ねて顔合わせの機会を得ました。学校としての考えでは，直接介護に関わる作業を避ける予定でしたが，事業所の担当者は，介護の仕事の醍醐味である利用者との接点を生徒の課題を考慮し

た上で段階的に取り込んだ実習計画を立てていただきました。少々不安もありましたが，事業所の方や利用者と関係を構築していく中で，表情や態度に変化が見られ，笑顔が見られるようになり，声は小さいながらもあいさつもできるように2週間の中で成長することができました。インターンシップ後にもその成長を見ることができ，自分から教職員に連絡をする場面がありました。

2　働く体力や集中力を課題として設定したインターンシップの例

　担任と進路指導担当との相談の中で，体力が課題として挙げられた生徒がいました。学校での状況は，午後の授業になると寝ることが多いとのことでした。そこで，インターンシップではある一定の緊張感が持てるように接客も含んだ業種での仕事に取り組んでみようということになりました。勤務時間についても担任と検討し，課題となっている午後の時間も短めでも経験してみることにしました。

　実習先はデュアル実習でもお世話になっている学校近隣のスーパーマーケットで実施することになり，店長と生徒の課題を伝えた上で午前の品出しの仕事と午後の青果部門での仕事を実習内容として計画し，2種類の仕事に取り組むことにしました。

　インターンシップ開始後しばらくして，担任と午後の時間に様子を伺いました。青果部門で野菜の袋詰めに取り組んでいる場面を見ることができました。青果部門を担当の方に話を聞くと，集中が切れる様子は一切なく，実習初日から少しずつ早さも身についてきたということでした。実際に，生徒の作業の様子は野菜の向きを注意しながら指示通りに野菜を袋に詰め，また手を休めることなく次々に仕事に取り組むことができていました。さらに，学校の場面以上の積極的な報告・連絡・相談には驚かされました。

3　振り返って

　2人の生徒の様子から，実際の社会の中で必要とされて仕事に取り組むことは，想像以上に人を成長させるものだと強く感じることができました。人から必要とされることは，意欲的に仕事をするモチベーションにつながり，自分の職場での役割に積極的に向き合うことができるようになるということがわかりました。

第3節
第2学年インターンシップの実際

【将来の可能性を広げるAさんの取り組み】

2学年園芸技術科に所属するAさんは、「将来、農業の仕事をしたい」と目標を持っています。1年生のときには、市場での力仕事を行いました。日頃から専門教科や部活の時間に身体を動かしているAさんにとって、とても働きやすく、やりがいを感じるインターンシップとなり成功体験を修めました。漠然としていた、「働く」ということへの具体的な卒業後の姿をイメージすることにもつながりました。2学年前期のインターンシップは、老人ホームで

行いました。本人が苦手としているコミュニケーションを課題として、人とかかわる仕事を中心に実習先を選定していきました。本人を中心に、保護者、担任、コース職員、進路担当者とさまざまな意見をもとに、将来の姿を見据えて学校全体としてサポートしていきます。得意なことをさらに伸ばすことも大切にしていきますが、本人のまだ隠れた可能性・幅を広げるためにも、2学年の実習では課題解決的に実習に取り組みます。

学校近くに住むAさんは、普段自転車通学をしています。そのため、電車・バスなどの公共交通機関の利用に慣れておりません。そのため2つ目の課題として、将来の通勤練習を含めた実習となるよう電車・バスの乗り換えも考慮して実習先を決めていきました。電車を2回乗り継ぎ、その後企業バスに乗るという複雑な通勤経路でしたが、実習前に担任と経路を幾度も確認し通勤練習を繰り返し行いました。そのため不安なく実習をスタートし通勤に困ることなく1日も遅刻・欠席することなく2週間のインターンシップを通いきることができ、本人の大きな自信にもつながりました。実習後には、施設での夏祭りにもボランティアとして自主的に参加する姿もみられました。Aさんにとって、「農業一本」と決めていた世界から、大きく世界が広がった実習になりました。

【夢に向かって課題にチャレンジするBさんの取り組み】

「将来は自動車ディーラーで働きたい」と夢をもっている，生活デザイン科に所属するBさん。専門教科では染織デザインコースで集中して絞り染めの並縫いを毎日行っています。1年生のインターンシップでは得意なことを活かして，給食センターでのお弁当箱の洗浄の作業を中心に取り組みました。

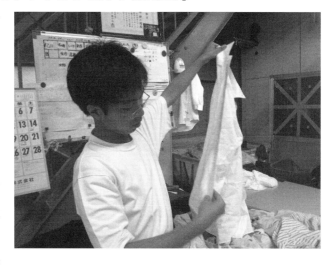

何千食ものお弁当箱を次から次へと燃えるゴミ・燃えないゴミを分別したり，洗いをする作業で，食洗機の蒸気が大量に出る暑い中での作業は過酷なものでしたが，集中が途切れることなく黙々と行うことができました。

　コミュニケーション，作業のていねいさが課題であったBさんは，2学年前期の実習では本人の希望でもあったクリーニング店で行いました。主にクリーニング前のYシャツ類を，1枚1枚襟を合わせてまとめる作業を行いました。担任と共に作業が終わった後の報告や連絡・相談などの従業員の方にするのかを事前に確認したり報告の方法を繰り返し練習しました。はじめのうちは，言葉遣いや相手の顔を見ないことに注意を受けることがありました。しかし，2週間の実習を繰り返し行ううちに言葉遣い，目線に気をつけながら，確実に行えるようになってきました。それにともない，出勤・退勤時の挨拶や日頃のコミュニケーション向上にもつながってきています。

　Bさんにとっては，コミュニケーションの課題はこれからも続いていくとは思いますが，確実に一歩ずつ成長して就職に向けてのスキルアップに期待したいと思います。2学年後期の実習ではいよいよ，本人も念願の夢だった自動車関連の工場で実習を行います。本人の能力を最大限に活かし，さらなる成長を期待した実習になるよう支援していきたいです。

第4節
第3学年インターンシップの実際と進路選択

【生徒主体の進路選択とキャリアカウンセリング】

　第3学年では，主体的な進路選択に向けた手だてとして，生徒や保護者のニーズを汲み取るための進路希望調査票を活用していきます。この進路希望調査票から，生徒一人一人の「最寄りの交通機関と手段」，「通勤可能範囲」，「勤務可能時間」，「希望職種と理由」などのニーズを，私たちも理解していきます。これらの生徒と保護者の希望をもとに，学級担任と進路指導部が連携しながら進路支援を進めていきます。これらの就職希望者情報はデータベース化され，千葉県特別支援学校就労支援ネットワークにおいて，県内特別支援学校の就労支援コーディネーターと連携しながら，企業への就労をサポートしていきます。

　こうした生徒の希望やニーズをもとに，進路支援を進めていきますが，その基盤となるのが，キャリアカウンセリングです。キャリアカウンセリングは，場を設定した対面式のカウンセリングだけではありません。進路面談や進路相談はもとより，日常生活を共に過ごす中で，普段の生活の様子から，学級担任を中心に生徒の思いを汲み取ることを大切にしていきます。日常の生活におけるさりげない言葉かけやアドバイス，不安や悩みへの共感的対応などにより，生徒がこれからの進路方向性を自分で決めることができるように，学級担任や進路指導部が中心となって，日常的にキャリアカウンセリングを進めていきます。その際，家庭との連絡を密に行っていくことが重要です。卒業後の生徒たちの就労継続には，家庭の協力が必要不可欠です。保護者の希望を汲み取るためではなく，家庭と協力しながら，生徒を中心に置いた進路支援を大切にしていきます。

【進路希望調査票】

【興味・関心のある自動車関連業務での進路支援】

本校3年生のK君は，自動車への興味・関心が高い生徒の一人です。将来の夢は，漠然と自動車に関わる仕事に就けたらとの思いがありました。1年生のときには，本人の興味や関心からカー用品販売店を候補に，実習の面接へ

<K君の3年間のインターンシップ>

1年後期	ホームセンター	商品の品出し
2年前期	自動車ディーラー	事務補助・洗車業務
2年後期	食品サービス会社	事務補助
3年前期	カーケアショップ	カーケア業務
3年後期	カーケアショップ	カーケア業務

行きます。しかし，企業側の受け入れ環境が整わず，断念することに。結果的には，カー用品販売店同様，商品の品出し等をはじめ，様々なフロントヤードでの業務があるホームセンターでの実習を計画しました。カー用品販売店での実習はかないませんでしたが，結果的には小売・販売業務のいろいろな仕事を経験し，自信をつけることができました。

2年生では，今度こそ，興味・関心のある自動車ディーラーでの実習です。内勤での事務補助と現業での洗車業務の2つの業務を経験しました。スタッフの方との人間関係も良好で，自分の可能性をより一層広げることのできた実習になりました。後期には，異業種での実習と遠距離通勤へのトライアルを目的に，東京都千代田区に本社のある食品サービス会社本社での事務補助業務での実習を計画しました。実習後のK君との振り返りでは，「事務職は緊張感あり過ぎて，心身ともに疲れてしまいました。どちらかといえば身体を使った現業の仕事の方が，自分には向いていると思いました。」と，率直な思いを話してくれました。加えて，チャンスがあれば自動車に関連した業務での就労をめざしたいとも。

3年生になり，幸いにも，大手カーケアショップから採用情報の提供をいただきました。企業側からは，就労してからも本人のスキルアップができるように，専門的なカーケア業務で活躍してほしいとのこと。まさに，K君のために用意されたような業務での

実習でした。2回のトライアルを経て，次第に就労への意欲と大好きな仕事に対する自信が，確かなものとなりました。11月下旬，K君の内定通知が学校に届いたことは言うまでもありません。内定した企業側からは，勤務条件について，今後の長い職業生活と就労継続を考えて，本人の意向をまず第1に考えながら，当面は無理をしない労働時間で調整していこうとの配慮事項のご提案いただきました。本人の意向は，週4日の週30時間勤務からスタートし，慣れてきた頃に週5日の週37.5時間勤務にステップアップしていきたいと，担任によるキャリアカウンセリングで汲み取っていきました。もちろん，企業側も快諾してくださいました。念願の夢だった自動車関連の業務で活き活きと働き，半年後，1年後，それ以降も，さらにステップアッ プしていくK君の姿を期待しています。

【保護者と共に支える介護関連業務での進路支援】

園芸技術科のK君は，コミュニケーションの豊かな明るい生徒です。1年生から2年生までは，得意な面を活かしながら，またフロントヤードからバックヤードに至るまで，できるだけ様々な異業種での実習を計画してきました。これまでの経験の中から，本人の思いの中では，

＜K君の3年間のインターンシップ＞

1年後期	ホームセンター	商品の品だし
2年前期	飲食店	食器洗浄
2年後期	特別養護老人ホーム	介護補助・環境整備
3年前期	介護サービス デイサービス	介護補助
3年後期	介護サービス 有料老人ホーム	介護補助

介護職で就労をめざしていきたいとの確固たる意志が芽生えてきました。その大きな要因は，人の役に立つ仕事で頑張りたいという思いが育ってきたこと，実習経験の中で介護という仕事へのやりがいを感じてきたことでした。また，保護者が介護職で働いていることも，その思いを支えたように思います。介護関連の実習を経験していく中で，母親とも仕事の話題が増え，共感できるよう

になったと，家庭生活での変化もあったようです。

　3年生では，こうした本人の確かな思いと学級担任のK君への願いをもとに，生徒の就労をていねいに支えてくれることで進路指導部が信頼を寄せている，介護サービスを展開する企業での実習を計画しました。企業側の「様々なタイプの介護サービス事業所で，本人の適性や意向を汲み取っていきましょう。」との教育的配慮で，前期にはデイサービスでの実習を，後期は有料老人ホームでの実習を経験してきました。実習と並行しながら，夏季休業中から，本人の意向と家庭のサポートによる，介護職員初任者研修の受講がスタートしました。両事業所での実習から明らかになってきた点は，デイサービスと比較して入居系の有料老人ホームの方が，介護補助に関しては確実に業務が豊富にあること。また，有料老人ホームは送迎がなく，利用者様とじっくりかかわれるため，活躍の場が増えるなど，K君の期待が膨らんできたことでした。介護職員初任者研修については，保護者の大きな支えにより，11月中旬無事に修了認定を受けることができました。実習企業の研修課長からは，在学中の介護職員初任者研修の修了認定に，「知的障害があっても，介護職として就労していける新たな可能性を見いだせた。」と驚きと期待の声をいただきました。1月，念願の介護サービスに関する企業での内定を，自分自身の確かな思いで勝ち取ったと言えます。生徒主体の進路決定を支える保護者の具体的支援が，介護職での就労に向けたK君の大きな支えになったいたことは明らかです。

＜Yさんのインターンシップ＞

1年後期	献血センター	利用者対応・広報活動
2年前期	パン製造工場	パン製造補
2年後期	和食レストラン	食器洗浄・調理補助等
3年前期	パン製造工場	パン製造補助
3年後期	パン製造工場	パン製造補助

【夢見ていたパン作りへの思いを支える進路支援】

　現在メンテナンスサービスコースのYさんは，本校入学前には，フードサービスコースを希望した生徒の一人でした。本人の思いの中では，フードサービ

スコースに入学して，パン作りを学びたいとの夢がありました。結果的には，入学選考により，メンテナンスサービスコースで入学することになりますが，Yさんのよさは，少し自信はないけれど，何事にも明るく前向きに取り組むことでし

＜I君の３年間のインターンシップ＞

1年後期	食品物流倉庫	発砲箱の検品・出荷準備
2年前期	飲食店	食器洗浄
2年後期	パン製造工場	出荷業務
3年前期	建築資材商社	商品の入出荷業務
3年後期	衣料品倉庫業	ピッキング・入出荷業務

た。3年間のメンテナンスサービスコースでの経験を通して，着実にキャリアを積み上げ，自信をつけていく様子が，Yさんの学校での姿から感じることができます。

　1年生では，持ち前の明るさと優しさを活かして，献血センターでの実習を計画しました。2年生では，食品製造や飲食サービスでの就労を見据え，パン製造工場や和食レストランなどの食品に関わる実習にトライアルしました。2年生までの経験の中から，Yさんの中では，食品工場での就労をめざしていきたいという思いが，より強くなってきたようでもあります。2年生の前期で実習を行ったパン製造工場の人事総務課長より，幸いにも就労に向けたトライアルの許可をいただきました。Yさんとしても，意欲的に取り組め，成功体験を積んだ実習先の一つでもあった，保護者と共に好印象の食品工場です。「パン作りを学びたい」と描いていた入学前からの夢でしたが，就職をめざして取り組んでいくYさんの姿からは，働くことへの喜びが溢れんばかりに伝わってきました。少し遠回りしましたが，3年間の主体的な取り組みが必ず将来に活きることを私たちも学びます。

【自己理解を深めながら，主体的に選択した倉庫・物流業務での進路支援】

　I君は，自分から積極的なコミュニケーションは苦手ですが，穏やかで，何事にも真摯に取り組む生徒です。1年生の実習では，成功体験が積めるように，得意な面で存分に発揮できる，食品宅配関連の物流倉庫での発砲箱の検品や出荷作業に取り組みました。一人で黙々と取り組める環境で業務も取り組みやすく，スタッフの方との人間関係も良好に，よい成功経験を積むことができました。

　I君は，積極的なコミュニケーションが自分の苦手な面であると，明確に自己理解しています。2年生の前期には，その明確な目標設定をもとに，飲食店での食器洗浄業務に挑戦します。後期は，以前から関心のあったピッキングを中心に，パン製造工場で出荷業務に取り組みました。これらの経験から，倉庫・物流業等の落ち着いた環境の中で，黙々と仕事と向き合える仕事が自分には向いていることをI君が見通せたことは，自己選択に向けた大きな成果でした。

　3年生では，物流・倉庫内業務を中心に，進路支援を進めていきました。前期には，建築資材の商社での雇用に向けてトライしましたが，残念ながら結果は不採用でした。人的な支援環境が十分でなく，商品のアイテムが複雑過ぎたことなど，私たちの環境分析が不十分だったことも一つの要因だったと振り返ります。後期の実習先選定にあたり，衣料品を取り扱う倉庫業の企業から，採用情報をいただきました。人事担当者との面会や職場の環境分析から，I君のニーズに完全に一致している業務での雇用ニーズでした。希望していたピッキングが主な業務でしたので，実習中の様子も意欲的で，家庭でも仕事が楽しいとの話題で溢れていたようです。前期には苦い経験をしましたが，結果的に，I君のニーズとマッチングするこの企業との出会えたことは，まさに運命的な出会いを感じます。こらからも，卒業後のI君が意欲的に働き続ける姿を願っています。

第5節
これからの卒業後支援体制と就労継続支援

3年後の定着支援をどのように進めるか

1　学年96名への対応

　平成26年度第1期生を送り出します。1学年96名，3年後には卒業生が288名となります。概ねの就労継続支援期間を3年，全員企業就労と仮定した場合，約300社に対しどのように職場定着を進めていくかは大きな課題といえます。

2　限られた人数，資源での就労継続支援

　学校で定着支援にあたることができる人数は限られています。また，近年働く障害のある方の増加に伴い，各地区の障害者就業・生活支援センター登録人数も右肩上がりです。本校に限ったことではありません。今後は限られた人数，地域資源で就労継続支援を効率的，効果的に行っていくための工夫が求められてくると考えます。

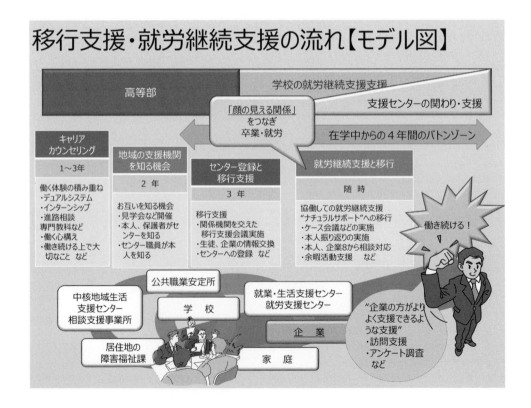

めざす就労継続支援体制

1　企業のナチュラルサポートをめざす

"企業とのパートナーシップ"本校が行うデュアルシステムの柱の一つです。この考え方取り組みの延長が，共に働く企業の方がより自然な形でサポートできる，ナチュラルサポートをめざす上で一つの大きなヒントとなる。

(1) 本人がよりよく就労継続できるように

就労継続の視点は，段階を経て本人が就業継続できるような直接的な支援から，企業の方が「よりよく支援をしていくことができる支援をすること」へ移行していく取り組みが，できるだけ早い段階から求められます。

(2) 就業状況を継続的に把握するために

たくさんの人数の就業状況を把握していく上では，時期を決めての訪問では難しい状況も考えられます。そのため，郵送やメールによるアンケート調査の実施や，他校生徒も就業している場合は学校間連携の中から状況把握をするなど工夫が必要となってくると考えます。

(3) 企業とのかかわり

定着支援に企業とのかかわりは欠かせないものです。できることであれば，就業後も体験のインターンシップ先としての関係性を構築し，同時期にインターンシップと定着支援を行っていくことも考えていきます。

2　障害者就業・生活支援センターとの連携

広域から通学する生徒が在籍しているため，現時点で県内16センターのうち，11センターとかかわりながら定着支援を進めていかなければなりません。

(1) ネットワーク構築

常日頃より，各地区の意見交換会，連携協議会等に参加し，関係性を構築維持していくことが連携した定着支援の入口となります。

(2) 移行支援体制

卒業時ではなく，在学中から生徒，家庭とセンターとお互いに知る機会を意図的に計画していきます。また，就職先企業情報などの共有，生徒本人との面談や，関係機関を交えた移行支援会議の開催など，計画的に行っていきます。在学中から概ね4年のバトンゾーンを設け，学校からセンターへ支援の移行もめざしていきます。

第6節
千葉県特別支援学校就労支援ネットワークと学校間連携

1 就労支援コーディネーター設置の経緯
（1）県内特別支援学校において，就職をめざす生徒が急増する中，他校との連携や企業との調整・情報の共有化が急務となったため。
（2）多数雇用企業はもとより，障害者就業・生活支援センターをはじめとする就労・就労継続支援を担う機関が多方面に及んでいる状況下において，ネットワーク化がとても重要となってきたため。

　上記の理由により，平成23年度に知的障害の生徒が主に通う，県立特別支援学校10校に11名の就労支援コーディネーターが配置されました。25年度には市立特別支援学校へも配置が広がり，今年度は24校26名となりました。

2 就労支援ネットワークの組織
（1）就労支援の地区割り
　県内の各地域における就労支援活動等を円滑に進めるため，県内を東葛飾，葛南，北総，東上総・南房総，千葉の5地区に分け，就労支援に組織的に取り組むようにしました。（参考資料参照）
（2）幹事校及び副幹事校の役割
　地区ごとに幹事校及び副幹事校を置き，地区内の特別支援学校の就労支援事務が円滑に進めるようにしました。幹事校は地区進路指導ネットワーク会議，コーディネーター連絡会などの企画を開催し，全県の動きを地区内各校へ伝えるとともにネットワーク構築を進めています。
（3）統括校の役割
　幹事校及び副幹事校のとりまとめとして，県立特別支援学校流山高等学園を統括校としました。統括校は地区別ネットワークが円滑に組織・運営できるよう，適宜連絡調整に努め，県内全域の就労支援事務の進捗状況などを把握することとしました。
　平成25年度より地区幹事校5校で特別支援学校就労支援ネットワーク連絡協議会プロジェクトチーム会議を定期的に開催するとともに，平成26年度からは各地区で就労支援コーディネーター連絡会を開催し，県内及び各地区の就労支援業務が円滑に進むよう努めています。

【参考資料】就労支援コーディネーターの組織（太文字が在籍校　○は人数）

地区		東葛飾	葛飾南	北総	東上総・南房総	千葉
指名校	幹事校	**流山**（統括校①）	**市川大野**①	**印旛**①	**市原**①	**千葉**①
	副幹事校	柏① 我孫子①	八千代① 市川①	八日市場①	夷隅① 安房① 槇の実①	東金①
ネットワーク構成校		**つくし**① **野田**① **湖北**① 松戸	**船橋市立**① **市川市立**① 船橋	**富里**① **香取**① 銚子	**君津**① 長生	**千葉市立**① **千葉市立高等**① 千葉盲　千葉聾 桜ヶ丘　仁戸名 袖ケ浦　四街道 千葉大附属

就労支援コーディネーターの役割（「ガイドライン」より抜粋）

（1）地区内の特別支援学校間における就労支援全般に関わる業務
（2）事業所の実習・就労状況などに関する情報の管理及び活用
（3）実習・就労先の確保に向けての職場開拓
（4）事業所などへ障害者雇用に関する理解推進を図る
（5）地区内特別支援学校卒業者の就労状況の把握及び定着のための支援
（6）事業所や就労支援機関などの関係機関と連携し連絡・調整
（7）就労支援事務にかかる業務の進捗状況を適宜地区内の特別支援学校の校長に報告

4　成果

大きな成果は，学校間連携が構築されてきたことです。

（1）職場開拓の効率化

事業所一覧で県内各校の過去の職場開拓，実習歴が共有されました。検索により，事前に他校との重複が確認できるようになりました。

（2）実習先調整

窓口校が企業情報の提供，実習人数，期間等の調整を行い，スムーズな実習実施につながるようになりました。また地域を越えた実習先の共有も図られるようになりました。

5　今後の課題

平成26年年度以降，新設校開設もあり，さらに学校間連携を深めていくため，ネットワーク構築に加え，その維持が最大の課題となります。また共有する情報の更新や，さらには近隣都県との連携も今後視野に入れていく必要があります。

コラム　14　インターンシップ・デュアル実習編

＊＊＊インターンシップの実習契約　ヒヤリハット!?＊＊＊

　インターンシップの実施にあたり，生徒と保護者，そして教職員が初めて事業所の方とお会いして，実習契約書の締結や実習の詳細な打合せなどを行う実習契約。インターンシップに対する緊張や不安を抱えながら，事業所の方と面会する中で，思わず肝を冷やしたことをまとめてみました。

○生徒の実習する事業所の方から，「我が社のことをどれくらいご存じですか？」と質問され，頭の中が真っ白になりました。事業所についてホームページなどで事前に調べるようにいわれていましたが‥

○事業所の方に，生徒が普段とは違う様子で，クールな表情で受け答えをしていました。態度が悪い印象を与えたようでした。

○学級外の生徒の実習契約に同行したときのことです。事業所の方から，「何か配慮事項や留意することは？」など，生徒の様子について細かく質問をされましたが，十分に応えることができませんでした。

○事業所の方の質問に，生徒がなかなか答えることができませんでした。見かねた保護者が全て答えてしまいました。できるだけ本人の言葉で答えるように，教職員が支援をするべきでした。

○事業所の方に生徒の様子を聞かれた際，生徒の課題や問題点ばかり伝えていたようです。後日，保護者から，「先生はうちの子の良い所は，あまり伝えてくれませんでした」とがっかりした様子で連絡をいただきました。生徒の学校での良い姿をもっとお伝えするべきでした。

　事業所の方は，事前に普段の生徒の様子を知りたいものです。極度の緊張で多くの生徒がいつもとは違った様子で契約に同席しています。保護者も実習への不安を抱え，いつも以上に様々な事が気になってしまいます。生徒と保護者，事業所の方，三者が安心してインターンシップに取り組めるように，実習中だけでなく実習前のサポートがとても重要です。今後，教職員が良きコーディネーターとなるように頑張りたいと思います。

第4章 今後の学校づくりに向けて

　開校時，私たち教職員は新しい学校づくりに期待と不安を抱いて１期生９６名を迎えました。めざす学校像として今日１日の活動に満足し，明日を楽しみに待つ学校生活。今を豊かに生き，確かな生きる力，本物の働く力を育むというコンセプトから出発しました。これを具現化した教育目標は「本物の働く力を育み，笑顔輝く生徒の育成」であり，４つのキーワード「本物の働く力」「確かな生きる力」「豊かな学校生活」「地域とともに」を大切にしながら教育活動を実践することにしました。

　しかしながら，具体的に授業をどのようにつくり上げていくか，職業学科としての授業の在り方，私たちが取り組むデュアルシステムと授業の関係性などわからないこと，迷うことが山積みでした。また，学校づくりという視点から方向性を示唆していただける方が必要でした。東洋大学名誉教授　宮﨑英憲先生に研究統括アドバイザーとして学校全体にかかわるご指導・ご助言をいただけることになりました。授業づくりにおいては，4学科の特性を活かしたご指導，ご助言をいただける講師の先生として，淑徳大学教授　澤口英夫先生，千葉県総合教育センター主席研究指導主事　國井光男先生，元千葉県立柏特別支援学校　西英美先生，淑徳大学教授　加藤哲先生にお引き受けいただきました。先生方には授業研究会，公開研究会においてきめ細やかで暖かなご指導をいただいたおかげで授業づくりに迷うことなく，成果と課題を整理することができました。

　３学年が揃い，学校として形が出来上がった現時点で，実践を振り返り，整理をする必要があると考えました。めざす学校像に沿った実践がなされているか，これまでの実践で不十分なところは何か，このような視点で今後の学校づくりに向けて提言をいただき，今後の学校づくりの方向性を確認したいと考えました。

　本章では，本校開校の準備室から携わっていた教職員，本校研究の４学科の学科講師の方々からこれからの学校づくりに向けてという提言を寄稿していただきました。生徒たちのキャリア発達を促す授業づくりや教育目標を実現する方策などを示唆していただき，今後の学校づくりに大きな力を与えていただきました。

　ここで改めて感謝申し上げます。

第4章 第1節

キャリア発達を支援する教育活動をめざして

千葉県立桜が丘特別支援学校　教頭
平賀博巳

1　キャリア発達支援システムをめざして

　千葉県では県立特別支援学校整備計画(平成23年3月)に基づき，千葉県立市川高等特別支援学校(仮称)準備室(以下準備室と記述する)が平成23年4月に開設されました。15年ぶりとなる職業に関する専門学科を有する高等部単独の特別支援学校の開校をめざし，職業教育への新たな取り組みが始まりました。

　県北に位置する千葉県立特別支援学校流山高等学園では「ものづくりを中心とした専門教科」が行われていました。また，普通科の特別支援学校でも作業学習が盛んに行われ，ものづくりをとおした人づくりが盛んに行われてきました。

　折しも改訂された特別支援学校の高等部学習指導要領では，総則，総合的な学習の時間，特別活動が平成22年度より実施され，第1章総則第2節第1款一般方針の5に「学校においては，生徒の障害の状態，地域や学校の実態等に応じて，就業やボランティアにかかわる体験的な学習の指導を適切に行うようにし，勤労の尊さや創造することの喜びを体得させ，望ましい勤労観，職業観の育成や社会奉仕の精神の涵養に資するものとする」と示され，第4款教育課程の編成・実施に当たって配慮すべき事項の4職業教育に関して配慮すべき事項（3）には，「学校においては，キャリア教育を推進するために，地域や学校の実態，生徒の特性，進路等を考慮し，地域及び産業界や労働等の業務を行う関係機関との連携を図り，産業現場等における長期間の実習を取り入れるなど就業体験の機会を積極的に設けるとともに，地域や産業界等の人々の協力を積極的に得るよう配慮するものとする」ことが示されています。

　このことを受け準備室では，県内2校目となる職業に関する専門学科を有す

る特別支援学校における職業教育の在り方，キャリア教育の進め方について話し合いを進めてきました。また，高等部単独の特別支援学校としての特色をどのように出すのかということが話題となり，特徴的な取り組みを行っている先進校の情報収集を様々な方法で行いました。同時に，市川大野地域の状況など，学校周辺に連携可能な事業所などが存在するのかを地図で調べたり，現地の調査をしたりしました。結果，京成バス㈱市川営業所や市川市保健医療福祉センター，はな膳市川大野店など学校の近隣に数多くの事業所などが存在していました。また，開校後に進路担当者を中心に受入れを依頼したところ，どちらの事業所も生徒の受入れを快く引き受けてくださり，近隣事業所の甚大なる協力を得て『市川大野高等学園版デュアルシステム』の骨格は出来上がりました。

　事業所をお借りして授業を行うというコンセプトに基づき，計画的にカリキュラムの中に組み込むために，個別の教育支援計画を軸に活動を展開するように考えました。ＰＤＣＡサイクルを活用した生徒の振り返りを大切にした取組みにすること，出口の指導ではなく「入口」に重点を置いた活動にしたいと考えました。

2　4学科9コースに係る授業として

　デュアルシステムと言葉を変えても，実際に生徒が事業所へ行き，就業体験をするだけでは，平素より特別支援学校で行っている産業現場等における実習（以下現場実習と表記）と変わらない活動です。しかし，この現場実習では足りなかった部分を補うことによって，違いを明確に打ち出すことができるのではないかと考えました。

　従来現場実習は，教育課程に位置づけられた活動ですが，就業体験と採用試験の二面性をもっています。また，特別支援学校では，企業就労するためには必要不可欠な活動であり，その性質により，通勤から仕事，昼食などのすべてにおいて一人で行うことが前提となります。このことにより，生徒が一人でどこまでできるのかを見極められるのです。しかしその機会は数少なく，高等部3年間で数回程度です。実際の現場での就業体験により生徒は数多くのことを習得することはいうまでもありません。では，その現場実習を学校が教育活動の一つとして，もっと継続的に取り組むことができれば，生徒自身の振り返りを計画的に設定することができ，そのことによって生徒一人一人のキャリア発達が促されるのではないかと考えました。生徒と教職員が事業所に赴き，実際の場を借りて授業を行うというイメージが固まりました。実際のところ，学校

までの帰り道に何気ない会話をしながら，活動の振り返りを行うなど，時間や形にとらわれない中で生徒の新しい姿を発見することもあります。新しい授業の形を求めスタートしました。

　園芸技術科には近隣の農家で，工業技術科にはものづくりの職場で，生活デザイン科には服飾に関係する職場で，流通サービス科には，サービス業でデュアル実習を行うことができるよう近隣の事業所に働きかけました。はじめて障害のある生徒を受け入れる事業所もあり，「どの様にすれば良いのか？」などの疑問も受けましたが，「教職員が必ず引率する」ということや「校内で専門的な作業活動を行っている」ということで，事業所の方々には安心していただきました。しかし，すべてを事業所が行っている活動ができるために専門教科の授業を行っているのではありません。そのことを成し遂げるための基礎的な能力を「農業，工業，家政，流通・サービス」の授業の中で培っています。

　また，事業所で働くことにより，その基礎的な能力が何かを計り知るためにも，教職員が生徒と共に汗を流して働くことが重要になってきます。このことによってジョブコーチ的な支援・指導方法を具体的な形で教職員が学び，学んだことを平素の授業の中で活かすことによって，知的障害のある生徒に対する職業教育への見識を深めています。

3　ワークキャリアとライフキャリア

　実際の現場で学ぶことはワークキャリアの育成に有効です。働くために必要なスキルはめざす業種や職種によって違います。自分自身の向き不向きなどをよく理解してから，将来への道を自己選択することが大切ですが，自分を正確に計る物差しがないために，その生徒の持つ職業準備性と選択先に大きな開きができるケースも少なくありません。現実の中で自分の姿を正しく映し出す必要があり，そのことを正く評価して，改善につなげることが重要になります。就労支援は就職するまでを支援するのではなく，就労後も本人がその人らしく生きていくように指導・支援することです。職域の幅を広げることや臨機応変な対応など，実際に働き始めて経験することが多いのではないでしょうか。すべてのことに対応するのは難しいと思いますが，困難な課題に向き合ったときに，課題解決に向けて足を一歩踏み出すことができるようになることが大切だと思っています。それはライフキャリアの視点に立って人を育てることに他ならないのではないでしょうか。

　ライフキャリアに視点を当てた取り組みは，学校教育全体を通じて行われな

ければならず，教科及び領域などのみで教えることは難しいと思われます。「社会の中で」「自分の役割を果たし」「自分らしい生き方を実現する」ことは，日々の積み重ねの上に成立します。学校生活のみならず，生活全体を通じて，キャリア発達を促す取り組みが必要になっています。

　自分の人生を積極的に生きるためには，自分の役割を考えることが必要不可欠であり，この社会において自分の役割が有用なものであると思えるようにならなければなりません。自分自身や活動を振り返ること，自分の仕事が社会とどのようなつながりがあるのかを考えることなど，実際の社会での経験を通じた後，長い年月を経てわかることもあります。

4　さらなる事業所との連携を深めて

　市川大野高等学園版デュアルシステムの取り組みは，地域事業所との連携の在り方がカギとなります。単なる就業体験が目的であれば，定期的な細かい打ち合わせの必要性は低いですが，教育活動の一環として，カリキュラムの一部として，個別の教育支援計画に基づいて，など，教育課程にしっかりと位置づけられた教育活動として行うためには，地域事業所との打ち合わせは必要不可欠なものとなっており，進路担当者がていねいに事業所を訪問しています。

　学校側からの依頼や提案に対して，事業所側からも提案されることがあり，事業所の人材育成プログラムを取り入れながらデュアルシステムが展開されるケースもあります。事業所が十あれば，十のやり方が存在し，その分生徒たちの経験の幅が広がります。そしてめざしたのは，学校と事業所のウィンウィンの関係です。

　デュアルシステムの活動によって，職場での職域拡大につながるケースがあります。知的障害のある生徒が，どのような仕事ができ，どのようなことが難しいのか，現場での具体的な仕事を通じて，事業所の方と教職員が膝を交えて話し合いを行い，明確に確認し合うことができるのです。

　「事業所との連携」をキーワードに今後のデュアルシステムの展開に期待します。より専門的な知識や技能の習得を求める考え方やグループでの活動で社会性を育成する考え方もできます。教職員のノウハウが蓄積されれば，より多くの生徒をデュアルシステムに出すことができます。何より，学校の近隣にある事業所と協働して生徒を育てるシステムとして，従来の固定概念に縛られることなく，自由な発想で作り上げていくことを期待しています。

第4章 第2節

これからの学校づくりに向けて

千葉県立市川東高等学校　教頭
細川　貴規

1　高等特別支援学校設立の背景

　平成24年4月，千葉県に14年ぶりに高等部単独の職業学科を有する特別支援学校が誕生しました。「本物のものづくり，本物のサービスをめざし」「100％の企業就労をめざす」を基本コンセプトとし，教育目標に「本物の働く力を育み，笑顔輝く生徒の育成」を掲げました。それが，千葉県立特別支援学校市川大野高等学園です（以下，市川大野高等学園）。私は幸運にも前年の平成23年4月より，開設準備室の一員として1年間，開設準備に携わることができました。そして，開校してから2年間，教務主任として，主に教育課程づくりを担当しました。また，研究研修担当としても研究主任をサポートしながら本校のあるべき姿，めざす教育の方向性について一緒に検討を行いました。このときの経験はとても貴重なものであり，準備室の段階から1年，そして開校しての2年間，計3年間の経緯やその時々の思いを伝えていくことが市川大野高等学園の学校づくりを行っていくうえで大いに役立つのではないか，と考えました。

1　新設校開設準備室の一員として

　開設準備室には室長，室長代理，そして私を含め室員が3名，事務担当1名の計6名で構成されており，それぞれが，学校を作る上で欠かせない様々な事案を担当していて，原案を作り，6名で話し合って決めていく，という形をとりながら開設準備を進めていきました。
　私が主に担当したのは，校名・校章・校歌，生徒指導関係，防災関係，そして専門教科では4学科のうち流通サービス科（流通コース，フードサービスコース，メンテナンスサービスコース）を担当し，実際にどのような教育内容を行っていくのか，を考え提案を行いました。

校章は県立市川工業高等学校のインテリア科に協力をお願いして，生徒たちのなかでコンペティションを行い，結果，丹野亜美さんのデザインが採用されました。それが現在の校章です。また，校歌は沖縄県出身のシンガーソングライター東風平高根さんに作詞・作曲を依頼しました。東風平さんとは県立松戸特別支援学校で校歌を作るときにお願いをして，それが縁で今回も快く引き受けていただき，素晴らしい校歌を作っていただきました。移ろいゆく季節のなかでその時々に仲間たちと集い，語らい，そして明日に向かって希望をもって羽ばたいていく，そういう歌詞に感動したことを今でも鮮明に覚えています。

　さて，ここでは私が担当した流通サービス学科の立ち上げについて主に記載します。まず，その具体的な中身（教育内容）を考えていくうえで，大変頭を悩ませました。というのもその頃，まだ流通・サービスを学科として開設している学校がそれほど多くありませんでした。どのような内容にすればよいか，情報が不足していました。そこで，先進校の視察に出かけることにしました。県内の流山高等学園はもちろん，我孫子の清新分校，つるまい風の丘分校，東京都の永福学園，南大沢学園，青峰学園，そして京都の白河総合特別支援学校などです。それらの学校を参観させていただき，教育内容や3年間のシラバスを考えると同時に，その際必要となる備品を揃えていく作業を同時進行で行っていきました。各学校を視察してそれぞれの学校が工夫しているところ，また，苦労しているところを実際に生徒たちの活動を通じて見ることができたのが大変有意義でありました。

　メンテナンスサービスコースについては，どの学校も清掃活動を主に指導内容が組まれており，検定などをうまく授業内容に組み込んで行われていました。活動内容はきちんとマニュアル化され，指導の共通化が図られていました。ただ，教育内容を考える際には，単に清掃活動やビルメンテナンス作業だけではなく，コースの基本コンセプトを「快適な空間の創造」とし，市川大野高等学園に植えてある植栽の管理なども年間計画の中にうまく組み込むことができるのではないか，と考えました。また，一つの空間（例えばトイレや教室など）を生徒一人もしくはチームに任せて責任を持って取り組む，もしくは仲間と協力してリーダーを中心に取り組む，といった作業を行う上で欠かせない活動づくりも大切にしてほしいと考えました。実際の清掃現場では担当する清掃業者によってやり方が全く異なってしまうため，検定などの扱いについては基礎的な力を養ったり，「千葉県特別支援学校清掃検定」に合格することで清掃活動に対してモチベーションを上げる手段に使ったりと扱いについてはコース内で

の検討の必要性を感じました。

　コース立ち上げに際してはワーカーズコープの杉本さんに大変お世話になりました。プロの清掃技術を教職員だけではなく，生徒たちにもわかりやすく教えていただきました。杉本さんには委嘱講師として現在も教職員及び生徒の指導・支援に携わっていただいています。

　フードサービスコースは「パン・菓子製造」と，それらを提供する「喫茶サービス」の二つの活動を主に考えました。これは，京都の京都市立白河総合特別支援学校や東京都南大沢学園の取り組みが大変参考になりました。まさに「本物のものづくり」と「本物のサービス」が大切だと感じました。そのためには，おいしいパンやお菓子が心地良い空間の中で，行き届いたサービスで提供されなければなりません。まず，はじめにおいしいパンを学校で提供するため，協力してくれるお店を探し回りました。それも今まで食べた中でおいしかったところ，もしくはおいしいと評判のお店に絞って協力の依頼をして回りました。しかし，学校の主旨やこちら側の熱い気持ちは理解してくれるものの，なかなか協力してくれるお店は見つかりませんでした。そんな中，学校のすぐ近くにおいしいパンを提供するレストランがあることを口コミやＨＰで知り，最後の望みを託してお願いしたところ，快く協力をしていただくことができました。それが現在，本校の委嘱講師の柴山さん（レストラン自然の食卓）です。パンの作り方から小麦の購入までお世話になり，おかげさまで市川大野のパンはおいしいと大好評です。もちろん，本校教職員及び生徒たちのがんばりがそこにあることは大前提ですが，パンづくりの基礎から教えていただき，現在も委嘱講師として本校の教育に携わっていただいていることに対して心から感謝いたします。

　さて，メンテナンスサービスコースやフードサービスコースは先進校の中である程度，形作られていたので，それを本校の基本コンセプトに照らし合わせて教育内容を考えていきましたが，流通コースについては各学校で様々な取り組みがなされていました（リサイクル作業を行っている学校もありました）。それだけ，どの学校も手探り状態のように感じました。そうした中で，これは！と思ったのが，東京都青峰学園で行っていた印刷業を主とした取り組みでした。校内での様々な印刷物（生徒が目にしても差し支えのないもののみ）はもちろん，校外の例えば近隣の小・中学校のＰＴＡ関係や福祉施設の印刷物などたくさんの受注を受け，生徒たちが納期に向けて真剣な表情で取り組んでいました。質の高い製品（印刷物）を通じて社会（地域）とつながっていることがとても

魅力的な活動に思えました。そこで，この印刷業務を主活動とし，学校に置く自動販売機の管理，校内の備品等の管理，そしてデュアルシステムでの活動を複合的に組み合わせていくことで生徒たちの教育内容を考えました。

2　いざ，開校！そして教務主任として

　わずか1年という短い準備期間でしたが，平成24年4月，96名の生徒たちが入学してきました。これから新しい歴史を作っていくのだ，という強い思いで生徒たちを迎えました。

　生徒たちを迎えるにあたり，個別の教育支援計画（キャリアアセスメントも含めて）や個別の指導計画の書式，そして通知表の書式など早急に係で検討し，決めていきました。各書式については3年間をめどに検討を重ねて，より生徒や保護者にわかりやすく，教職員にとって使いやすいものにしていくこととしました。

　また，教育課程を編成し，具体的な教育内容を組んでいく上で，教育目標「本物の働く力を育み，笑顔輝く生徒の育成」を基本に，4つのキーワード「本物の働く力」「確かな生きる力」「豊かな学校生活」「地域とともに」を大切にしながら考えていくようにしました。そして，学校生活全般を通じて生徒個々のキャリア発達を促す教育，すなわちキャリア教育を根幹に据えることとしました。

　「本物の働く力」の育成では，専門教科（9コース）で行われる授業は，本物のものづくり，そして本物のサービスでなくてはならない，ということを確認し，常に質の高い製品づくりにこだわり，質の高い製品を通じて社会（地域）とつながっていくことをめざしました。そのためには生徒個々の力を発揮できるような状況を整え（作業中の姿勢や補助具も含めて），環境を整備し（場の配置や動線など），教職員の指導・支援はできるだけさりげなく行うように（生徒が主体的に動けるように），なども確認し合いました。また，本物のサービスについても，どのようなサービスを受けると相手が心地良いか，など生徒と共に考えるようにしました。デュアルシステム先での企業の方（飲食店やスーパーマーケットなど）からもアドバイスをいただきながら，サービスを提供する人間を中心に考えるのではなく，相手（お客様）を中心に考えて行動するように，ということを考えていくようにしました。また，そのことは流通サービス学科だけではなく，どの学科の生徒にもいえることで相手の気持ちを考えて行動しよう，といった人間関係（コミュニケーション）を構築していくうえで

大切なこと，ということを生徒たちとも話し合いました。

「確かな生きる力」の育成では，生徒一人一人がわかること，できることを広げ，社会で自立していく力を育んでいくことをめざしました。学校における専門教科のみならず，一般教科の指導（国語や数学など）においてもこのことはとても大切です。できること，わかることを広げ，生徒が学びに対して主体的・積極的に取り組んでほしい，と願いました（中学校時代に普通学級に在籍し，授業内容が難しく全く理解できないまま，3年間を過ごして勉強嫌いになったという生徒も数多く入学してきました）。生徒個々の自己肯定感を引き上げていくうえでも「わかる授業」「できる授業」はとても大切だということを機会があるたびに教職員に伝え，意識の定着を図るようにしました。

「豊かな学校生活」では，専門教科も含め，教科学習などを通じて学ぶ喜びを実感し，芸術・文化・スポーツ活動を充実し，全人的な教育をめざしました。特に部活動では文化的・体育的な活動を充実することで生徒たちの放課後活動は，より生き生きとしたものとなり，このことが卒業後の余暇活動の充実にもつながると考えました。

最後に「地域とともに」です。研究総括アドバイザーの宮﨑英憲先生（現東洋大学名誉教授）からも「地域とともに育つ，そして地域の皆さんに育てていただくコミュニティースクールをめざさないといけない」とアドバイスをいただきました。そこで，いくつか例を挙げると，地域のスーパーやイベント会場で本校の販売会を行ったり，園芸技術科では地域に野菜や花卉の販売に積極的に出かけたりしました。木工コースは地域在住の方と協力して製品開発を行い，生ゴミから堆肥をつくる木製ボックスを地域の方に販売しました。フードサービスコースでは校内に喫茶ルーム「Natural Ohno」を開店し，そこで作りたてのパンやお菓子を販売するとともに店内でコーヒーやジュースなども提供して，いつの間にか地域の方々の憩いの場となりました。

そして，学校周辺の協力企業を中心にした「市川大野高等学園版デュアルシステム」の一連の取り組みは，まさにコミュニティースクールそのものといえると思います。

3　特別支援学校を離れて感じること

現在，全日制の高等学校に新任教頭として勤務しています。市川大野高等学園を離れ，そして特別支援教育からも離れてみて，感じることが多くあります。特に感じたのは，高等学校にいると特別支援教育の情報がほとんど入ってきま

せん。時々県から送られてくる文書（情報）や，特別支援コーディネーターに送られてくる文書に対してかなり意識をしていないと触れる機会はとても少ないです。昨年までは，常に情報に触れることができた環境から大きな変化です。また，高等学校の学校生活の中で特別支援教育という言葉に触れることはほとんどありません。

　しかし，発達障害を持つ可能性がある生徒が通常学級の中にも小学校で約6％，高等学校で約2％はいる，つまりクラスの中に2～3人はいる，といわれています。そういった特別に支援を要する生徒への対応はどうなのか，概ね対応に苦慮しているのが実情です。

　特別支援教育＝障害を持った生徒だけを対象に教育する，というイメージがあるのではないか，と感じることがあります。決して特別な教育ではなく，生徒個々に目を向け，困っている生徒を支援していくのだ，という共通認識を育てていくことが大切だと考えます（特別な生徒への特別な教育ではなく，必要としている教育的ニーズにきちんと対応していくという観点）。

　どの高等学校でも不登校の生徒について，対応に苦慮しています。本人だけではなく，保護者のなかにも支援が必要なケースが多いのです。学校生活に悩んでいる生徒，校則を破って特別指導を繰り返す生徒など，なんらかの支援を必要としている生徒も多いのです。多くの場合，担任，生徒指導主任，養護教諭や特別支援コーディネーターが対応にあたりますが，専門的な知識に乏しい場合には教育相談そのものが成立しないことも多く，そこで，必要なのが学校カウンセラーによるカウンセリングです。しかし，高等学校の場合はまだ十分に配置されておらず，活用しきれていません。ただ，配置されていた学校から転任してきた職員からは有効であった，という話を聞きます。小学校・中学校での学校カウンセラーの有効性は総合教育センターで教育相談を担当していたころからよく聞いていたので，高等学校においてもその有効性は容易に理解できます。市川大野高等学園においても教育相談は非常に重要でした。特に発達障害を抱えた生徒にとって自らの気持ちをはき出す場所がきちんと確保されていること，そして何か問題行動を起こしたとき「なぜこういう行動を起こしてしまったのか，あのときどうすればよかったのか」ということを相談者と一緒に振り返ることが，次の行動を修正していく上でとても大切です。このことは障害の有無にかかわらず思春期の生徒には重要な観点といえます。

　インクルーシブ教育のめざすところは，障害の有無にかかわらず，すべての子どもたちが相互に人格と個性を尊重し，支え合う共生社会の実現です。そし

て，そのためには「基礎的環境整備」と実際の現場での「合理的配慮」の充実が欠かせません。また，平成28年度から差別解消法が施行されます。このことにより「基礎的環境整備」や「合理的配慮」が著しく配慮に欠けるとき，学校現場が保護者や本人から法律違反で訴えられる，という可能性も否定できません。私たち教職員はそれほどに大きな変革期にいることを認識しなくてはなりません。また，新しい学習指導要領（知的障害）が改訂されるとき，今のインクルーシブ教育の流れを作る観点からも，小・中学校の教育課程にリンクしていくことが十分に考えらます。つまり教科指導を中心に，教科・領域を合わせた指導についても教科との整合性が問われていくでしょう。こうした流れを踏まえつつ，教科指導と専門教科（実習）のバランスをとりながら教科学習の充実，キャリア教育の充実を図っていくことがより一層求められていくのではないでしょうか。そうした中で，市川大野高等学園版デュアルシステムをより昇華していくことが，地域に根ざしたコミュニティースクールとして発展していくことにつながっていくと確信しています。

　最後に，今年度（平成26年度）市川大野高等学園から初めて卒業生が巣立ちます。彼らが社会に巣立ち，就労した会社で，居住する地域で，一人一人が社会人として自ら任された役割を担い，充実した生活を送ること，そのことが共生社会の実現につながっていきます。そして，そのような人材を育て，社会に送り出すことが市川大野高等学園に求められている大きな役割（使命）ではないでしょうか。

＊＊＊ 教師がかける，言葉かけの大切さ ＊＊＊

　とても真面目で，何事にも一生懸命に取り組む生徒がいます。事業所でのインターンシップで，担当の方から「遅刻や欠勤もなく毎日一番乗りで会社に出勤していて，とてもやる気を感じました。」と好評価をいただき，評価聴取をしていた私は生徒の良いところが評価されてとても嬉しく思いました。

　「しかし…」と担当の方。何かありましたか？と尋ねると，「早く来すぎかな，と感じました。」とのこと。どういうことか詳しくうかがうと，生徒は毎日出勤時間の30分以上前に会社に到着しており，まだ鍵が開いていなかったため，ドアの前で社員の方が出勤されるのをずっと待っていたそうなのです。あまりに早く出勤しすぎると，万が一何か事件や事故があった場合に，会社として責任がとれないので困るということでした。

　前述したように，その生徒はとても真面目な性格です。学校にも，毎日クラスで一番に登校します。「毎日早く学校に来て偉いなあ，頑張ってるね！」といろんな先生から声をかけられていました。日ごろから"早く来ることは良いことなんだ"と思っていたでしょうし，それは実際良いことだと思います。会社によって，早く出勤していろいろな準備をすることが良いとされる会社もあれば，インターンシップ先の会社のように，早く出勤しすぎると支障をきたす会社もあります。それは，状況を見て自分で判断しなければならない"臨機応変さ"が求められることです。このような判断は，大人の私たちでもなかなか難しいことです。

　"臨機応変さ"。本校に通う生徒たちにとって，それはとても大きな学習課題のひとつであると思います。今回の評価聴取を通して，"その時""その場"で求められることを教職員が生徒にていねいにわかりやすく説明し，適切な行動ができる支援の必要性を知りました。今後は，言葉かけひとつにも卒業後のことを見すえて，生徒たちに細やかに接していきたいです。

園芸技術科　指導の視点

淑徳大学　教授
澤口　英夫

1　園芸技術科の特色

　園芸技術科の専門教科の実習で野菜や草花を栽培する意義を教育の視点から整理してみると，他の専門学科とは異なるいくつかの特徴があります。

　農園芸関係の専門学科では野外活動が多く農業資材の運搬や栽培管理など一定程度の身体機能が求められます。また，生産や栽培のスパンが長く栽培の初期段階では収穫や出荷に向けての見通しが持ちづらく，活動が断片的になりやすいことも挙げられます。さらに，通常，野菜などの栽培は1年間に1回であり個別の作物特有の栽培技術は学習頻度が少ない分だけ習得には困難がつきまといます。しかし，栽培スパンは長いものの生産されるものは周知の野菜や草花であり生産されるものは身近なものだけに親しみやすいといえます。

　トマトの黄色い花が咲き果房となって青い小さな実がなり，それが次第に大きくなりながら色づくさまを身近に感じられることは商品として野菜ケースに並んでいるトマトにも命の営みがあることを学ぶことでもあります。また，生産物が野菜の場合，生産にかかるさまざまな苦労が試食を通して肯定的に自己理解できるということが挙げられます。味覚に関連した肯定的な記憶は生徒の記憶に残りやすく次年度の学習意欲に大きく関係するといえます。

　さらに園芸技術科の生産物は短期間に消費される生産物であり，かつ直接販売できるものであるため品質がよければ販売時に消費者から「この前買った野菜，おいしかったよ」「ここで買ったお花，今でもきれいに咲いているよ」などの肯定的な言葉かけがなされ，しかも購入のリピーターが増えるに従い言葉かけがたびたび行われることになります。このようなことが学習意欲の向上につながるという特色もあります。

　また，対象とするものは野菜や草花であり，播種などの手先の器用さを求め

られる場面もありますが耕運や施肥，定植，灌水など粗大動作が多く作業内容が具体的でわかりやすく，このことはPIQ（動作性IQ）が比較的高い傾向がある知的障害のある生徒にとって取り組みやすいことであり，作業のできの良し悪しを自己評価しやすいことでもあります。

　上記の理由などにより各地の高等特別支援学校において農園芸関係の学科やコースが数多く設置されています。

2　卒業後の進路と専門教科の実習

　園芸技術科を卒業し農業や園芸関係の職につく生徒はそれほど多くありません。また，専門教科に関する職につくことを強く願っている保護者の方もそれほど多くありません。縫製や食品加工に比べれば農業が企業ではなく家業になっていて求人も少ないことなどから，専門を活かせる職を指向しないという傾向が強いともいえます。

　さらに，特別支援学校学習指導要領解説総則等編において文部科学省は職業教育について「知的障害のある生徒の教育においては，将来，自立し社会参加することを目指し，職業人としてだけではなく，社会人としても，必要で一般的な知識・技能及び態度を身につけるようにすることを目的とするところに特徴がある」としていて特定の職につくための高い技術を身につけることより職業人，社会人としての基本的な力を身につけることを優先しています。

　上記の理由などにより，必ずしも進路指導において専門学科に関連した就労先にこだわる必要がなくなり職業選択の幅を広げることができ，その生徒の持てる力を十分発揮できるような職域や事業所を将来の進路先とするような指導が行われていることは周知のとおりです。

3　専門教科の実習を中心に培われるもの

　専門学科のある特別支援学校で学ぶものには階層性があり大きく以下に示す3つのカテゴリーに分けられると考えています。

表1　知的障害教育における職業教育の階層性

①職業専門力	専門教科に裏付けられているその学科やコースの学習によって養うことができる専門的な知識や技能 その分野での就労をめざせる専門的な知識・技能・態度や，技術的な資格や免許等の取得に結びつく力

②職業基礎力	就労するうえで求められる社会人，職業人としての基礎的・基本的な力 企業就労する際に最も重要視される力。労働の意義を理解し，責任を持って職務を遂行し社会人としての自覚のもと職場でのコミュニケーションや人間関係を良好に保つ力
③自立基礎力	身辺自立や基本的な生活習慣など社会人として自立的に生活するうえで必要な力 職場以外の生活を含めて，自分自身の生活全般において必要な事柄を自立的に行える力。食事や清潔などの身辺処理のみならず，金銭管理，基本的なコミュニケーション能力，規範意識の保持等，社会人としての基本となる力

上記の3つの力を図示すると以下のようになります。

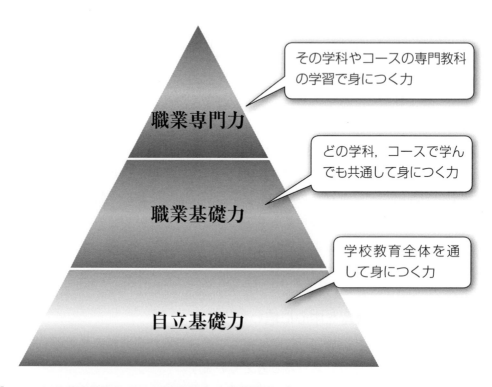

【図1　知的障害教育における職業教育の骨格構造　】

　特別支援学校市川大野高等学園の学校教育目標である「本物の働く力を育み，笑顔輝く生徒の育成」を達成するためにどのような園芸技術科の専門教科の実習が行われるべきであるか，上記の骨格構造を基に考えてみます。
　前述のように生徒の社会的自立，職業的自立を果たすためには「職業基礎力」

が最も重要です。この「職業基礎力」をどのように園芸技術科の専門教科の実習において育むかは大きな一つの命題でもあります。

4 専門教科の実習指導の視点

　園芸技術科の研究会講師として申し上げてきたキーワードは「高い品質で社会とつながる」というものでした。換言すれば高品質なものを生産する過程において職業教育的意義の高い内容が多数含まれているということでもあります。

　具体的にいえば「本物の働く力」である「職業基礎力」を確実に育むためには高品質な野菜や草花を生産する専門教科の実習が不可欠です。

　特別支援学校でありながらも園芸技術科が一生産者としての側面を持つことは模擬的に農家の生産現場を体験することでもあり，高品質を求める専門教科の実習の中には「本物の働く力」を育むために必要な教育的な環境が数多くあることでもあります。そのような場面をとらえて確実な指導を行うべきですが，ややもすると学校というゆとりのある環境が負の側面として作用し実務的な指導に不透明感を与えている可能性があります。

　専門教科の実習という指導場面であっても生徒に求める技術レベルは農家のそれと遜色ないものをめざすべきです。そのようなレベルに到達できるよう細かなステップを考え指導したり，補助具を工夫したりすることは必要ですが，めざすレベルを下げることなく常に念頭に置いて指導しなければなりません。ましてや生徒の障害を理由として安易にレベルを下げるようなことがあってはなりません。

　農家の段取りや作業には無駄がありません。篤農家の農作業を見学すれば一つ一つの動きに意味があり無駄のないことに気づくはずです。このような高いレベルをめざす実習を行うことで効率良い道具の配置や動線，作業の準備や段取りに見通しを持つことができ専門教科の実習に意欲的に安全に取り組めるようになります。また，生徒同士が協力する場面を通して必要な内容を的確に伝えたり，教師に適切な質問ができたりすることを通して職場で必要なコミュニケーションの力が育まれていきます。このようなことを多数経験し作業に習熟していくにつれて生徒一人一人の動きに洗練さが増し，どのような職域でも通用する「本物の働く力」を育むことができます。

　この「本物の働く力」に密接に関連している「職業基礎力」は道具の配置の練習や作業準備などのみを繰り返し練習しても身につきません。また，求める

レベルの低い実習を繰り返しても身につきません。高い品質を求める実務的な専門教科の実習の中で生徒自身が考え決断し実行することを通してのみ育んでいけるものでもあります。

　幸いにして学校現場では仮に生徒が不都合な作業を行っても，病害虫の発生等により収穫量が少なくても，売り上げが優先される実際の生産現場と異なり許容されます。このことは収穫量を増やし，売り上げを伸ばすために作付面積の拡大を図る必要がなく，かつ，それに伴う管理作業に追われることなく品質の向上に関する指導に専念できることを意味しています。また，生徒自身が試行錯誤できる教育的ゆとりをもたらすことにもつながっています。さらにこのことは生徒自身が自らの課題に気がついたり創意工夫を発揮できたりする場面となります。このような学習を重ねる中で責任感，勤労観が育まれ，自己有用感が育っていきます。

　この実務的な環境で育まれた責任感や勤労観こそがあらゆる職域で力を発揮する「本物の働く力」であり「職業基礎力」でもあります。

5　デュアルシステムとの関係

　専門教科の実習で身につけた「本物の働く力」はデュアルシステムである事業所内実習により磨かれていきます。専門教科の実習は専門性の高い実務レベルで指導していてもそこは教育現場であり，生徒の様子に合わせた環境設定や時間的ゆとりなどがあり基本的に生徒中心の活動内容です。しかし，事業所は社員が役割分担をし，利潤を求める組織です。社員の年齢構成は様々であり，また，一人一人が担う職域も多岐にわたっています。このような，学校とは異なる環境で学ぶ意義は大きいといえます。

園芸技術科では梨農園や近隣施設の植栽の管理作業などを取り入れ学科の特性に応じた校外の実習先を確保していますが，学科関連事業所に強くこだわる必要もありません。どのような職種の実習先であれ専門教科の実習で身につけたものがそこで十分発揮できれば専門教科の実習で培われたものは「本物」といえます。

　そのためには前述のように専門教科の実習では実務レベルを念頭に置いて指導することが必要であり，農園芸関係以外でも通用する「職業基礎力」を生徒一人一人に合わせ，育てていくという教育的な視点も必要です。

　デュアルシステムを有意義なものにできるかどうかは専門教科の実習で「本物の働く力」の基礎をどれだけ育てられるかにかかっています。実務的な専門

性の高い専門教科の実習で培われた「職業基礎力」は実際の職場でも十分通用し，実社会における肯定的自己認識の形成に大いに貢献することになります。

6　園芸技術科の専門教科の実習

　質の高い専門教科の実習を行うことはいうまでもありませんが，まず生徒一人一人の特性に合わせた専門教科の実習ができるように作目や栽培計画などの年間計画を策定しなければなりません。野菜栽培といっても果菜類，葉菜類，根菜類など特性は様々であり，草花でも苗物生産，鉢物生産，切花生産などがあります。それぞれには特性がありそこに含まれている職業教育的価値も異なります。生徒の多様な教育的ニーズに十分応えられる作付計画になるよう配慮が必要です。

　また，作目が決定したなら，播種から収穫，圃場整理までの栽培計画を立てる必要があります。栽培期間は長期にわたりますが労働力の投入が必要な時期とそうでない時期があります。他の作目と繁忙期が重ならないように，また，学園祭などに販売ができるよう播種期を移動したりする必要があります。さらに必要に応じて播種を数回に分けることで長期間の収穫が可能となり，作業の習熟度を上げる工夫もできます。

　このような特色のある園芸技術科の専門教科の実習において，その特性を十分活用し生徒のキャリア発達を促す指導を行い，また，デュアル実習で得られた成果や課題をフィードバックさせ，緊密な連携のもと「本物の働く力」を養っていかなければなりません。このような専門教科の実習を実施していくことが専門学科としての使命であり，生徒の社会的，職業的自立を促す最善の方途であると考えられます。

第4章 第4節

今後の学校づくりに向けて

淑徳大学総合福祉学部教授
加 藤 哲

　千葉県立特別支援学校市川大野高等学園は平成24年4月に開校し，平成26年度に3学年が揃い，第1期生を社会に送り出すときを迎えています。本校は，軽度知的障害を対象とし職業科を設置した高等部のみの特別支援学校として，生徒の社会自立・職業自立をめざしています。千葉県内で同様の目的で設置された高等特別支援学校としては，流山高等学園についで2校目の学校です。

　本校のこの3年間の実践に関わりながら私自身が抱いてきたものは，本校がこれからの特別支援学校のあるべき一つの姿を実現するだろうという期待感です。本校は，教職員と生徒が一体となって新しい学校づくりを推進しています。それを地域が支え，地域に向かって本校が発信するという双方向の関係が作られています。わずか3年の間に，地域に根ざした学校といえるような存在感を感じさせている。特に，近隣の事業所などとの連携は他の地域ではみられない密度の濃い関係で，今後の発展性，拡がりを感じさせるものであり，キャリア教育の推進を柱とした新しい学校づくりが力強く推進されているといっても過言ではありません。

　本校は開校した初年度から，デュアルシステムを取り入れています。開校3年目でパートナーシップを組む事業所は20社を超えています。ほとんどの事業所が本校から歩いて通える範囲に位置しています。そしてすべての事業所が極めて協力的で，本校を暖かく見守っています。生徒一人一人に何が必要かを共に考え，その成長を共に喜ぶ人たちがそこにいます。将来の職業自立に向けて，専門的な技術力の育成，人間関係・社会性の育成，働く意欲の育成などキャリア発達にとって大切な力を養うシステムができ上がろうとしています。

　地域とともに力強く歩みはじめた市川大野高等学園が，どのような人材を育て社会に送り出していくか，また，本校を卒業し，社会自立・職業自立をめざ

して歩み始める卒業生をどのように支援していくか，見守っていきたいと思います。

ここでは，本校が，発達段階やキャリアニーズに合わせた目標・課題設定として，学年ごとの中心目標としている「自己理解」「自己選択」「自己決定」の視点から，デュアル実習への取り組みを中心にまとめ，今後の学校づくりに向けての提言としたいと思います。

1　自己選択・自己決定を可能にするシステムを作る

進路指導では自己選択・自己決定がとても大切です。将来社会の中で自分らしく生きていくためには，自分の適性や興味関心，自らの在り方生き方をしっかり考え，将来に対する目的意識をもって，自己の進路を主体的に選択決定できる力を身につけていくことが求められます。本校においては，1年生段階ではコース内デュアルとしてコースごとのデュアル実習に取り組んでいますが，2年生になると選択的デュアルとして自らがデュアル実習先を選択して実習に臨む機会が与えられます。これは将来の進路を自己選択・自己決定するための力を育てる場になっています。この取り組みと平行して，さまざまな職業を知る進路学習と，自己理解を深める学習の推進が期待されます。20社を超えるさまざまな職種の協力事業所を有する本校では，それぞれのデュアル実習の取り組みを全員で共有し，生徒一人一人の進路学習の充実に結びつけていくことが可能です。2年生・3年生段階で，社会の仕組みや職業の実際を知り，自己の適性と重ね合わせることで自己選択・自己決定のできる力を身につけていく，そんな進路学習が展開していくことを期待したいと思います。

また最終的な進路の自己選択・自己決定を可能にするためには，十分な進路先が用意されなければなりません。多くの学校で，それが叶わない現状があります。これは，1校だけの取り組みで解決できる問題ではなく，関係機関や一定エリアの複数の学校と連携して取り組んでいく必要があります。市川大野高等学園にはその中心的存在としての役割を期待したいです。

2　真の自己理解と社会参加に向けて，市川大野高等学園版デュアルシステムの完成をめざす

キャリア発達において自己理解は大きな柱です。特に軽度知的障害者は失敗体験の繰り返しによって自己肯定感が低くなっているケースが多いです。本校に入学してくる生徒も同様です。学習指導案から1年生の様子を見ると，「活

動に自信がもてず，積極的に取り組めない」「はじめてのことや人，場面に対して苦手意識がある」「あいさつや返事の声が小さい」といった記述が多くみられます。そんな1年生が，少しずつ仕事を覚えできることが増えていくと，自信がもてるようになっていきます。言葉遣いや礼儀作法も身につき，長時間の立ち仕事にも慣れてきます。成功体験を積み重ねることで，積極的に活動できるようになっていきます。やがて2年生になり後輩を迎えると，先輩としての自覚が芽生えます。1年生をサポートし，教えるという経験が2年生を大きく育てます。仕事に対するより確かな自信や誇りがもてるようになり，責任感が育っていきます。本校が実践している1・2年生の混合チームはこうした先輩後輩の望ましい関係を可能にする場となっています。2年生で自信と誇りをもった生徒たちは，3年生になると，ある生徒は全体を指揮する存在として，ある生徒は自分の得意分野のスペシャリストとしてリーダーシップを発揮するようになります。そうした3年生の姿に1年生・2年生は憧れ，自分の目標としていきます。コース毎に3学年を縦割りで取り組んでいる本校では，こうした好ましい関係，サイクルが出来上がろうとしています。

　その上で出てくる新たな課題が客観的な自己理解，すなわち社会に出たときの自分の姿を想定しての自己理解です。校内での評価と社会に出てからの評価は当然異なります。社会ではより高い水準での技術や人間関係が求められます。学校教育と社会との連続性が課題となります。この課題解決を可能にするものがデュアルシステムであると考えます。1年生，2年生，3年生と学年進行で評価基準をグレードアップし，3年生の段階では，事業所において十分通用する水準にまで引き上げてほしいと思います。事業所からのフィードバックとそれに応える学校教育（校内における専門教科）が連動する双方向システムができ上がってはじめて完成形であるといえると思います。市川大野高等学園はすでにその歩みをはじめています。大きな目標に向けて実践を積み重ね，市川大野高等学園版デュアルシステムを完成させてほしいと思います。

3　ストレスマネジメントの育成と卒業後の支援体制づくり

　「あなたのストレス解消法は？」という質問は教員採用試験面接の定番です。ストレスマネジメントやメンタルヘルスは教職員にとっても，また，教職員に限らず全ての社会人にとっての大きな課題となっています。「忍耐力」「ストレスマネジメント」は，キャリア教育で育成する基礎的汎用的能力を構成する自己理解・自己管理能力の内容の一つとして位置づけられています。

2008年に発表された「身体障害者，知的障害者及び精神障害者就業実態調査」（厚労省）の結果によると，離職理由の主なものとして，「病気」（42.3%）「人間関係がうまくいかない」（4.5%）がある。病気の要因はさまざまなものがありますが，ストレスが原因になっているケースも多いのではと推測されます。また，人間関係がうまくいかないことによるストレスは大きなものがあり，4.5%という数字は見過ごすことができません。

　ストレスマネジメントとは，自分のストレスについてよく知り，適切な対処法を身につけることです。軽度知的障害のある生徒の社会自立・職業自立を確かなものにするため，この力は不可欠な要素です。学校生活はもとより，インターンシップにおけるさまざまな場面で，この課題への対処を意識した計画的な取り組みが求められます。

　本校では全てのコースにおいて，対人関係の育成に力を入れています。また，日々自らの取り組みを振り返り，課題を解決していく姿勢を大切にしています。その際，一人で考えるのではなく，仲間の取り組みに対して助言をしたり，仲間から助言を受けたりして課題を解決し，お互いに高め合うことをめざしています。これはとても大切なことです。越えられない課題にぶち当たったとき，人間関係で悩んだとき，その悩みを分かち合える仲間，的確なアドバイスをしてもらえる先輩や教職員がいれば，乗り越えることができます。デュアル実習の取り組みは，そうした課題をさまざまな角度から提供してくれるものと考えます。やがて社会に出て困難に出会ったとき，仲間や支援者とつながり，その困難を乗り越えることができるならば，どのような状況になろうとも自分らしく生きることができるという本当の自信が生まれるものと考えます。

　生徒一人一人が自分に自信をもつとともに，自分の課題や弱さもしっかりと受け止めること。多少のストレスには立ち向かい解決してく力を身につけること。そして自分の力では乗り越えられない大きな課題に直面したときには，支援を求める柔軟さを身につけること。社会の中で，自分らしさを保って生きていくこと。それら一つ一つが，社会自立・職業自立を確かなものにしていきます。そのためには，自分をまるごと受け止めてくれる仲間や支援者，卒業した学校や恩師の存在が大切になります。市川大野高等学園には生徒一人一人の心の拠り所となってほしい。いつでも立ち返ることのできる原点になってほしい。

　卒業後支援のあり方や，同窓会活動はこれからの課題になると思われますが，生徒や保護者，全教職員，地域が一体となって取り組んでいる本校には，今後の充実した取り組みと大きな成長を期待したいと思います。

生徒たちの姿からよりよい改善に努めてきて

千葉県総合教育センター　主席研究指導主事
國井　光男

　平成24年4月，木工コース，窯業コースの2つのコース編成で工業技術科の専門教科がスタートしました。特別支援学校で盛んに展開されている作業学習（木工班・窯業班）の良さやノウハウを活かしながら，どのように専門教科として充実・発展させていくか，ものづくりの活動を中心としながら，この専門教科を通して生徒たちをどのように育んでいくのか，併せて，デュアルシステムとどのように連動していくのか，これまでに例を見ない未知なる世界へ，希望と期待とを胸に，本校の他のコースと歩調を合わせて，工業技術科の2つのコースが確かな一歩を踏み出しました。

1　木工コース～こまやかさとダイナミックさと

　木工の場合は，いずれの製品づくりにおいても，製材用のかんな盤から仕上げ磨きの電動サンダーにいたるまで，多くの種類の電動工具を使用します。効率が上がり量産化が図られる一方で，些細なミスでも大ケガを招くという危険性も併せ持っています。本コースではその安全対策を第一として，電動工具を用いる工程一つ一つを細やかに確認し，対応しました。安全基準を設けてコース内だけでなく校内関係者も含めて，念入りにチェックし，生徒たちの安全を確保してきました。

　同時に，電動工具に不慣れな生徒たちが，自分から精一杯，さらには自信と誇りとをもって担当の仕事に取り組めるように，工具や作業手順に合わせて補助具・補助枠を開発して取りつけたり，生徒一人一人に合わせて作り方を工夫したりするなど，さまざまな努力が図られてきました。作業場の工夫・改善にも力を入れ，製材・切断・加工・組み立て・仕上げという一連の工程がスムーズに連携し，生徒たちの力で購入者から賞賛される高品質の製品を大量に作り

上げるまでになりました。全員が一丸となり，力を合わせながら集中して取り組むダイナミックなその様子は，木工作業所のプロの姿と見間違える程です。

2　窯業コース～生徒一人一人の良さと力を活かして

　粘土を材料にものをつくる活動は，陶芸か窯業か，作品か製品か，めざす方向性を取り違えると，専門教科として不適合な趣味活動あるいは造形活動となりやすい活動です。その点，本コースでは早い段階から，工程別及び製品別評価基準を設定して質の高い製品づくりを掲げて取り組んできました。そのことを通して，生徒たちの姿に，担当の仕事に対する責任と製品づくりへの主体性がみられるようになりました。専門教科として望ましい方向に進んできたと思います。

　併せて，生徒の良さと力をどのように活かしていくかという視点からも努力を続け，電動ロクロ・機械ロクロ・タタラと異なる3つの成型を導入したり，製品種もそれぞれの成型の特長を活かしたものをコース全員で相談して決めたりしてきました。時期ごとにテーマと主製品を定め，繰り返し同じ仕事に取り組むようにしたり，見通しをもちやすくし，コース全体の一体感を高めていけるよう，掲示物や製品の展示方法の工夫改善にも努めたりしてきました。それらを通して，コース全体が活気が生まれ，生徒たちは意欲と自信をもって積極的に活動に取り組むようになってきました。

3　生徒たちの姿からより良い改善に努めてきて

　両コースのこれまでの取り組みからいえることは，いかに，生徒たちの良さと力を信じてそれを最大限に活かして，コース全員の力を合わせて質の高い製品づくりに取り組んでいくか，社会に歩み出たときに通じる本物の生きる力を生徒一人一人が身につけていけるようになるか……。徹底して，生徒主体の専門教科を追究していくことだと思います。同時に，どこにも勝るとも劣らない高品質の製品を作り上げていく本物志向を大切にしていることです。

　それらを実現するために，どのような手だて，状況づくりが必要なのか，生徒たちにとってはじめて取り組む専門教科が人として成長する場と成り得るか……。生徒一人一人の今日の姿を思い浮かべ，少しでもより良い明日の姿を願いながら，担当教職員が日々必死になって思い考え，相談し合い，工夫改善に努めてきています。

　このような教職員集団，学校である限り，専門教科を通して生徒たちは『本物の生きる力』を身につけ，たくましく学校を巣立っていくことと思います。

第4章 第6節

今後の生活デザイン科の取り組みについて

元千葉県立柏特別支援学校教諭
西　英美

生活デザイン科の取り組みを振り返って

　平成24年度，千葉県内の生徒・保護者，教育関係者が待ちに待った，千葉県で2校目の県立高等養護学校（特別支援学校高等部専門学科　知的障害対象）が開校しました。

　既存の高等学園（流山高等学園）と同様に，4学科9コースに分かれて，専門教科が展開されることになりました。園芸技術科，工業技術科，生活デザイン科，流通サービス科の4学科です。千葉県立特別支援学校市川大野高等学園の生活科は，流山高等学園の『生活技術科』という名称とは違い，『生活デザイン科』です。

　『生活デザイン科』には，専門教科の技術を身につけるだけではなく，生活に関するものに興味をもち，色の組み合わせや形の美しさを感じ，自ら考え，製品をデザインしたり，さらに作業の準備，手順や効率，生活そのものに目を向けて，デザインしたりしてほしいという，この学科設立の強い願いが込められていますと私は推察しています。

　専門教科の学習を通して，生徒たちは社会で必要な働く力を身につけていきます。

　この『生活デザイン科』という新しい名称がもつ大きな意味を教職員，生徒がしっかり受け止め，将来，実社会に出て働く際に必要かつ大切な力の一つとしての「デザインする力」を強く意識し，ソーイングデザインコース，染織デザインコースとして取り組んできたように思います

　両コース共に，コースでつくられる製品は年を追うごとに，ていねいで質の高いものになってきています。また，ものづくりの技術も高められてきています。さらに初年度からのデュアル実習での課題であった「話を聞く，話す力」

についても向上していることを学校訪問のたびごとに感じています。

　グループの活動が全員にわかるようにと企画された,「リーダー会議」や「グループ別の打ち合わせ」,目標や工程を確認するための「始めの会」や活動の振り返りをし,改善策を考えるための「終わりの会」など,話し合いや発表の機会が有効にもたれ,積み重ねられた結果ではないでしょうか。

2　今後の生活デザイン科の取り組みについて

　初年度は1学年だけで行っていた,専門教科の取り組みも3年を経過し,3学年が揃い,充実した製品づくりが行われています。

　両コース共に縦割りのグループ編成により,これまでに学んできた技術を新しい仲間に伝え,自信をもって,教え合う場面が多くみられるようになったと聞きます。このような機会を「話を聞く,話す力」を伸ばす場面の一つとしてとらえ,教職員が見守り,支援できたら良いのではないかと思います。

　コースの人数が多くなり,広い場所や分かれた場所での作業ではコース全体の活動を見通すことが難しくなってきています。この現状については,それぞれのグループがコースでどのような作業を分担し,他のグループとどのようにかかわっているかを意識できるように教職員が工夫していくことが大切であると考えています。

　開校当初からずっと考えられてきた「市川大野らしい,大野でなければできない製品づくり」をさらに進め,生徒が考え,進めてきた「デザインコンペ」や「お客様アンケート」などをもとに,具体的なイメージをもって共同でデザインし,生徒,教職員が一緒になって,作業に取り組み,これからも新製品の開発に努めてほしいと思います。

　また,デュアル実習という,本物の働く力を身につける素晴らしい体験ができることに感謝し,しっかりとした振り返りを生徒,教職員が行い,専門教科にさらに活かしてほしいと考えています。

あとがき

これまでを振り返って

千葉県立特別支援学校市川大野高等学園　教頭
江口敏彦

　平成26年，本校は開校3年目を迎え，ようやく全学年の生徒がそろいました。年ごとに生徒も教職員も増えていき，活気があふれています。皆が「自分たちで新しい学校をつくっていくのだ」という気持ちで，充実した毎日を送れることは，生徒にとっても教職員にとっても一生を通じて忘れられない，貴重な経験になっていることと思います。

　この充実した学校生活は，「本物の働く力を育み，笑顔輝く生徒の育成をめざす」という本校の教育目標を，教職員一人一人が自覚し，努力の上に成り立っているという思いが，彼らの奮闘ぶりを見るにつけ，日々強くなっていくのを改めて感じています。

　本校の教育目標を実現するための根幹となるのが，「キャリア教育」です。この「キャリア教育」を核として，教育活動を展開することにより，生徒の「キャリア発達」を促し，一人一人が社会で自立するとともに，喜びのある生活を送ることができるようになると考えました。

　そこで3年間の研究主題を「生徒一人一人のキャリア発達を大切にした授業づくり」とし，職業教育を主とする専門教科に視点をあてて，教育課程や各コースの授業内容を決め，実践してきました。

　日々の教育活動や教職員が本音で意見を交わす研修会，授業研究会や公開研究会などを積み重ね，東洋大学の宮﨑英憲先生はじめ，各学科やコースをご指導いただいている講師の先生方から，貴重なご教示をいただく中で，本校が担うべき教育において大切なことが見えてきました。

　それは，生徒たちが「自分の役割や活動の意義を理解し」，「主体的に活動できる」こと，そして，「一人一人がなくてはならない大切な存在であることに気づく」ことです。そのために単元や題材，目標，環境，手だてなどを講じて，教職員がいかに適切に支援するかが重要になります。また，それらの学習活動をきちんと評価し，次につなげていくことが鍵となります。

　本校の歴史は，まだはじまったばかりですが，これからも初心を忘れず，一人一人の生徒と真摯に向き合い，彼らの人生が豊かなものになるような，「市川大野高等学園」の教育の伝統を築いていきたいと思います。

研究同人

【平成24年度教職員】

校　　長　渡邉　昌夫　　　教頭　遠藤　明男　　　平賀　博巳
事務長　鈴木　徳明　　　教務主任　細川貴規

江崎　朝美	小林　修一	松下　貴之	立田　孝子
苅米　保子	三浦　怜史	淺井　邦江	鈴木　亮太
猪越　裕	竹下　絢	上野　和	熊崎　隆浩
髙山　典子	小川　洋子	及川　達弘	加藤　憲三
増田　賀子	浅野　大輔	宮下　香織	青野　宏昭
熊倉　啓祐	髙瀬　浩司	廣田　晋	大沼　明子
田辺　修	山崎　雄次	深澤　春郁	小川　裕司
田中　明子	古江　大介	鈴木　大輔	関川　健太
倉島　妙子	越當　亜由美	積田　裕美子	都築　アヤ
石垣　規雄	山中　梨絵	尾形　勝浩	花岡　恵子
高城　翔太	岡　真奈美	但馬　寛昭	近藤　千之
鈴木　健吾	森田　裕子		

《平成24年度末　転出教職員》

教頭　遠藤　明男　　　高城　翔太　　　但馬　寛昭
近藤　千之　　　鈴木　健吾　　　森田　裕子

【平成25年度教職員】

校　　長　渡邉　昌夫　　　教頭　平賀　博巳　　　江口　敏彦
事務長　鈴木　徳明　　　教務主任　細川貴規

○転入教職員

青木　正志	尾下　誠	西島　春香	賴經　直尚
中村　新一	和泉　彩子	中村　勇輝	峯　孝一
下山　文裕	濱本　武將	加藤　千鶴	加藤　健次郎
曽根　由美子	木下　久美子	座賀白　富美	安中　亜矢子
中西　智勇	中本　千絵	郷右近　聡	豊田　舞

會澤　直矢　　石黒　睦　　小倉　昭則　　吉田　岳史
山中　翔　　相澤　雅代　　市川　直人

《平成25年度末　転出教職員》
教頭　平賀　博巳　　教務主任　細川貴規
岡　真奈美　　中西　智勇　　郷右近　聡　　豊田　舞
會澤　直矢　　尾形　勝浩

【平成26年度教職員】
校　長　渡邉　昌夫　　教頭　江口　敏彦　　平尾　昌幸
事務長　鈴木　徳明　　教務主任　石垣　規雄

○転入教職員

吉田　勇一　　村上　敦子　　宮本　久子　　石倉　正裕
岡本　朝子　　古川　幸夫　　國　舞衣子　　鎌形　誠
片倉　喜朗　　手塚　幸子　　福田　健一　　齊藤　祐太
廣田　咲　　吉良　暁生　　寺本　輝彦　　塩田　正勝
高沢　和哉　　後藤　孝一　　長濱　綾　　安瀬　幸恵
永峯　和典　　石井　奈津子　　森　政和　　多田　康一郎
松﨑　奈穂子　　五十嵐　克雄　　黒田　百合奈　　佐藤　美由貴
小枝　有希恵　　溝呂木　務　　松下　由加子　　長谷川　菜穂子
山内　友子　　髙山　嵩　　清宮　啓祐　　肥後　収平
中道　央　　高橋　智保
(順不同)

研究協力者

研究統括アドバイザー	東洋大学名誉教授　　宮﨑英憲　先生
園芸技術科	淑徳大学教授　　澤口英夫　先生
工業技術科	千葉県総合教育センター 主席研究指導主事　　國井光男　先生
生活デザイン科	元千葉県立柏特別支援学校　西　英美　先生
流通サービス科	淑徳大学教授　　加藤　哲　先生

市川大野高等学園版
デュアルシステムの理論と実践
生徒一人一人のキャリア発達を
大切にした学校づくり

平成27年1月28日　初版第1刷発行

監　　修	宮﨑　英憲
著　　作	千葉県立特別支援学校市川大野高等学園
発 行 人	加藤　勝博
発 行 所	株式会社ジアース教育新社

〒101-0054　東京都千代田区神田錦町1-23　宗保第2ビル
TEL：03-5282-7183　FAX：03-5282-7892
E-mail：info@kyoikushinsha.co.jp
URL：http//www.kyoikushinsha.co.jp/

表紙デザイン・DTP　株式会社彩流工房
印刷・製本　シナノ印刷株式会社

Printed in Japan
ISBN978-4-86371-298-0

○定価はカバーに表示してあります。
○乱丁・落丁はお取り替えいたします。（禁無断転載）